O DIÁRIO SECRETO DE
IGOR JANSEN

DIÁRIO SECRETO DE IGOR JANSEN

BASTIDORES DO SUCESSO DA ESTRELA TEEN DA TV

Pixel

Copyright © 2022 by Igor Jansen

Direitos de edição da obra em língua portuguesa no Brasil adquiridos pela Editora Nova Fronteira Participações S.A. Todos os direitos reservados. Nenhuma parte desta obra pode ser apropriada e estocada em sistema de banco de dados ou processo similar, em qualquer forma ou meio, seja eletrônico, de fotocópia, gravação etc., sem a permissão do detentor do copirraite.

Editora Nova Fronteira Participações S.A.
Rua Candelária, 60 — 7º andar — Centro
20091-020
Rio de Janeiro — RJ — Brasil
Tel.: (21) 3882-8200 — Fax: (21) 3882-8212/8313

Imagem de capa: Victor Lisboa

Dados Internacionais de Catalogação na Publicação (CIP)

J35d   Jansen, Igor
       O diário secreto de Igor Jansen: bastidores do sucesso da estrela teen da TV Igor Jansen Rio de Janeiro Pixel, 2022
       160 p. ; 15,5 x 23 cm
       ISBN: 9786581349288

       1. Autobiografia 2. Televisão . I. Título

CDD: 302.23
CDU: 829

André Queiroz – CRB-4/2242

FAAAAAAAALA, POVO BONITO!

EU FALO ESSA FRASE TANTAS VEZES PRA VOCÊS, NÃO É MESMO? SEJA NAS MINHAS REDES SOCIAIS OU NO MEU CANAL DO YOUTUBE. SÓ QUE, DESTA VEZ, ELA TEM UM GOSTINHO ESPECIAL.

ESCREVER "FAAAAALA, POVO BONITO!" MOSTRA QUE FINALMENTE ESTOU LANÇANDO ALGO QUE DESEJEI DESDE O COMEÇO DA MINHA CARREIRA ARTÍSTICA: MEU LIVRO.

==MACHO, MAS VOCÊ NÃO É NOVO DEMAIS PARA ESCREVER UM LIVRO?==

BEM, EU TENHO 18 ANOS, MAS, DESDE QUE ME ENTENDO POR GENTE, SEMPRE TIVE UM MUNDO DE COISAS PARA CONTAR. ESCREVER ESTE LIVRO FOI ESPECIALMENTE DIVERTIDO, PORQUE COMPARTILHO AQUI COISAS QUE NUNCA FALEI EM LIVES, PROGRAMAS DE TV NEM NAS MINHAS REDES.

Ler livros é um dos meus maiores prazeres. Tudo bem que preciso dividir a leitura com um monte de trabalhos e a gravação da novela, mas costumo ter sempre um livro no quarto, perto da cama, que abro sempre que sobra um tempinho. Também falo muito sobre livros no meu canal do YouTube, sempre recomendando alguma leitura.

Espero que você curta as minhas ideias e a minha história e que este livro te faça sorrir!

Bora nessa?

Um xêru no cangote esquerdo,

Igor Jansen

SUMÁRIO

PÁTRIA DE CHUTEIRAS, 11

MUDANÇAS NO CAMINHO, 18

MINHA PRIMEIRA VEZ NA TV!, 24

VOCÊ NÃO É TODO MUNDO!!!, 38

MINHA ESTREIA NO CINEMA, 46

MINHA PRESSÃO BAIXOU. E AGORA?, 52

AS MELHORES FÉRIAS DA MINHA VIDA, 62

RIR É O MELHOR REMÉDIO, 69

BOA SORTE, 75

SÃO PAULO, TERRA QUERIDA, 80

SER ATOR OU SER JOGADOR?, 84

LÁ QUE SE APRENDE A VIVER, 102

O TEMPO É VALIOSO, 110

NOSSOS MESTRES, 114

NÃO SOFRA SOZINHO!, 123

ALGUÉM FALOU CRUSH?, 132

QUEM CANTA SEUS MALES ESPANTA, 144

DE VOLTA AOS PALCOS, 149

AOS MEUS FÃS, COM AMOR, 152

PÁTRIA DE CHUTEIRAS

MEU SONHO SEMPRE FOI SER JOGADOR DE FUTEBOL!

Com um ano, um ano e meio, eu já chutava a bola sempre que meu pai colocava uma na minha frente. Bem, ao menos é isso que meus pais me contam. E eles ainda falam que eu costumava jogar pelado ou só de fralda! Muito fofo, né?

Nasci e vivi toda a minha infância em Fortaleza, no Ceará, uma terra de praias lindas e temperaturas que beiram tranquilamente os 35 graus. Minha avó Eliana era quem me incentivava a ficar pelado quando eu era pequenininho. Ela achava que roupas esquentavam muito, com o calor típico da cidade, e, por isso, me deixava ficar pelado. Ela tirava tudo, até a fralda, e eu saía correndo atrás da bola só de chupeta.

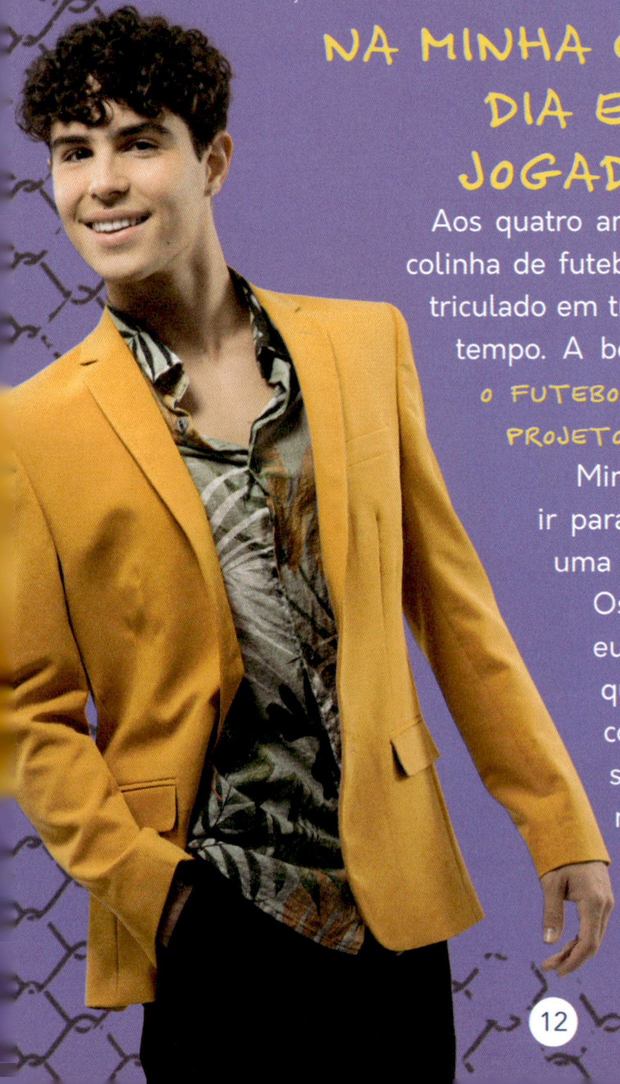

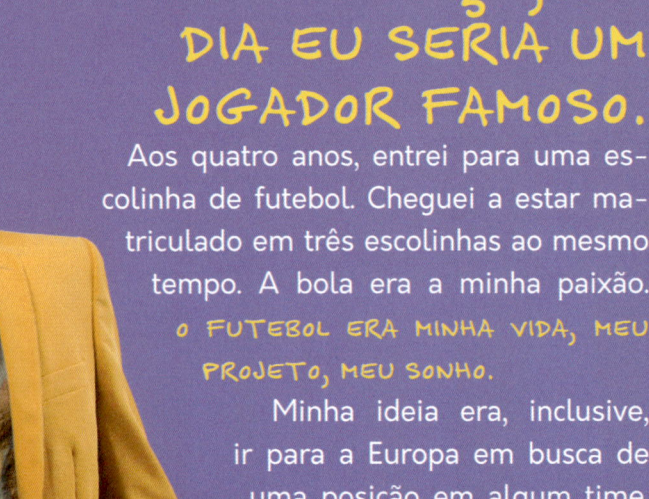

NA MINHA CABEÇA, UM DIA EU SERIA UM JOGADOR FAMOSO.

Aos quatro anos, entrei para uma escolinha de futebol. Cheguei a estar matriculado em três escolinhas ao mesmo tempo. A bola era a minha paixão. **O FUTEBOL ERA MINHA VIDA, MEU PROJETO, MEU SONHO.**

Minha ideia era, inclusive, ir para a Europa em busca de uma posição em algum time. Os entendidos diziam que eu tinha futuro no esporte, que eu era um craque em corpo de criança. Explico: sempre fui baixinho. Comecei a esticar só depois dos 13 anos, quando cheguei a São Paulo.

Cresci uns 25 centímetros em dois anos, de 1,47 metro de altura para 1,72. Na escola, em Fortaleza, sempre fui o menor da turma, mas sempre era o que mais corria, o que jogava com mais vontade. Quem estivesse de longe veria aquele mar de cabeças dos alunos maiores e, de repente, avistaria um cabeludinho correndo no meio deles. Prazer, esse cabeludinho era eu!

IGOR JANSEN, A SEU DISPOR!

Na infância, nunca gostei muito de dormir. Diria que até hoje não curto muito. Eu sempre acordei muito cedo, umas cinco, seis horas da manhã. Meus pais mudaram a rotina de vida radicalmente quando nasci. Como todos da família gostam de esportes (meu pai foi jogador de futsal e minha mãe sempre se interessou por academia), acabamos entrando num grupo de corrida de rua que começava a treinar muito cedo. Aliás, Fortaleza é uma cidade que amanhece muito cedo. Nos fins de semana, saíamos antes de o sol nascer.

Eu tinha quatro ou cinco anos e estávamos na rua, bem cedinho, quando eu falei pra mi-

nha mãe: "MÃE, QUANDO EU CRESCER, QUERO SER GARI. ESSES CARAS SÃO DEMAIS!"

E são mesmo!

Eu reparava nos garis que desciam para recolher o lixo das casas e dos prédios no bairro e a corrida deles até o caminhão enquanto faziam seu trabalho. Os caras correm muito. E como eu gostava de futebol e jogador corre muito sempre, eu também amava correr.

ENTÃO, DESDE QUANDO EU ERA BEM PEQUENO, OS GARIS TÊM MEU TOTAL RESPEITO E ADMIRAÇÃO. São pessoas que se dedicam muito para deixar a nossa rua, o nosso bairro e a nossa cidade mais limpos. Sem eles, a cidade ficaria impossível de se habitar, suja, com lixo em todas as calçadas, um convite para a proliferação de várias doenças. Deixo aqui meus aplausos a todos os garis desse Brasil.

MAS VAMOS VOLTAR AO MUNDO DO FUTEBOL.

Meus ídolos nos gramados são o brasileiro NEYMAR, o argentino LIONEL MESSI e o português CRISTIANO RONALDO.

Eu me tornei fã do Neymar ainda na fase do Santos, quando ele se destacava em todas as partidas. Tenho muitos amigos que até viraram santistas por conta do Neymar.

Mas meu ídolo maior é o Messi.

Além de nós dois sermos canhotos, desde o começo notei que o cara corria muito, saía driblando todo mundo até chegar ao chute ao gol. É o estilo de futebol que eu gosto.

CORRE, DRIBLA E GOOOOOOOOOOOOL!

PARECE SIMPLES, MAS NÃO É.

QUANDO MOLEQUE, EU ASSISTIA A VÁRIOS VÍDEOS DELE E QUERIA FAZER IGUAL. Passava tardes inteiras vendo cada drible, tentando memorizar para aplicar na escola. Quando chegava a hora de entrar em campo, eu jogava a mochila num canto e mandava ver. Mas não era só na quadra da escola que a bola rolava. Às vezes, nos intervalos, a gente jogava usando lata e tampinha de refrigerante.

Como eu era magrinho, baixinho e muito rápido, sempre tive uma consciência corporal bem aguçada e um chute de perna esquerda de impressionar. As pessoas se perguntavam: "Mas como um garoto dessa idade chuta tão bem?" Meus movimentos e minha habilidade eram de um homem em miniatura. AINDA COM DOIS OU TRÊS ANOS, EU TAMBÉM ADORAVA IR PARA A ACADEMIA COM A MINHA MÃE. Só para acompanhar, é claro. Enquanto ela fazia as atividades, eu ficava ali do lado, pulando sem parar, para imitar.

Cheguei a fazer hipismo, também. Minha mãe sempre gostou de cavalos e me matriculou em uma aula. É claro que adorei, né? Dá uma olhada no míni-Igor em cima do cavalo:

A prática e o contato com cavalos foram aspectos importantes da minha formação. No hipismo, a gente aprende a ter autonomia, tomar decisões rápidas, manter a postura ereta e respeitar os animais. Era boa a sensação de estar no comando em cima do cavalo, mas tudo deve ser feito em harmonia com o animal e obedecendo a seus limites.

MEUS PAIS SEMPRE ME APOIARAM EM TUDO (acho que por eu ser filho único, eles tinham tempo para se dedicar integralmente a mim). Por exemplo, meu pai e minha mãe tinham certeza de que eu me tornaria jogador de futebol. Cá entre nós, acho que meu pai achava mais. Era *cool* ser jogador de futebol para a geração dele (e para a minha também). Mas, na época do meu avô, não tinha nada disso. Ele nem levava meu pai ao estádio. Meu pai conta que meu avô viajava muito a trabalho e, consequentemente, esteve ausente durante a infância e a adolescência dele. Por isso, meu pai decidiu que, com o filho dele (eu, no caso), seria diferente. Jurou para ele mesmo que estaria sempre presente, sempre ao meu lado para me apoiar e orientar.

Como meu pai sabia que eu gostava de jogar bola, me matriculou nos melhores colégios de Fortaleza e, em paralelo, também nas escolinhas de futebol. A ideia era ir conciliando ambos. Mas, naturalmente, NÓS SABÍAMOS QUE, EM ALGUM MOMENTO DA MINHA ADOLESCÊNCIA, EU PRECISARIA FAZER UMA ESCOLHA. Tínhamos em mente uma possível mudança para São Paulo, que é uma enorme vitrine para grandes clubes brasileiros, mas, se não desse certo, eu também poderia me aventurar em alguma escolinha na Europa.

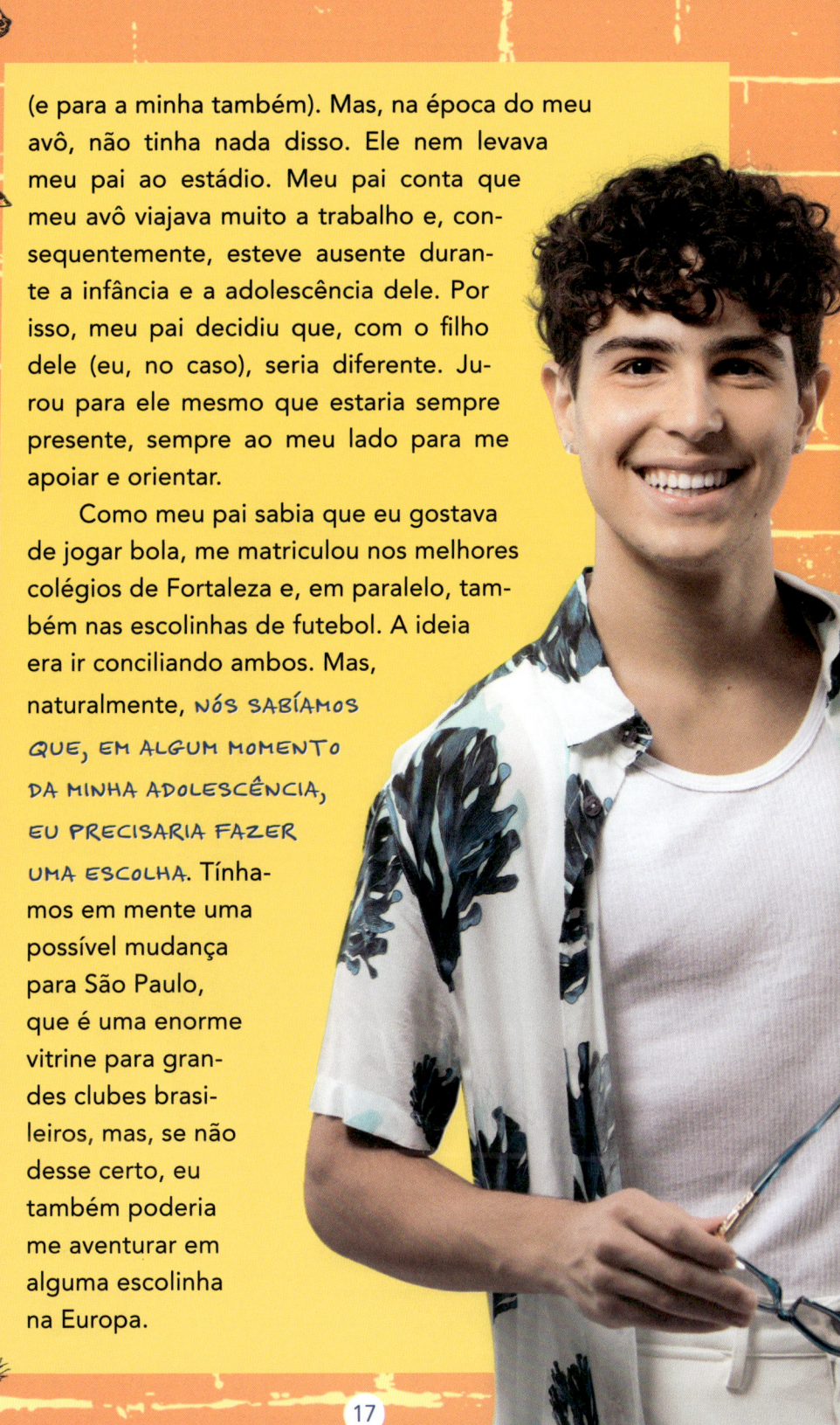

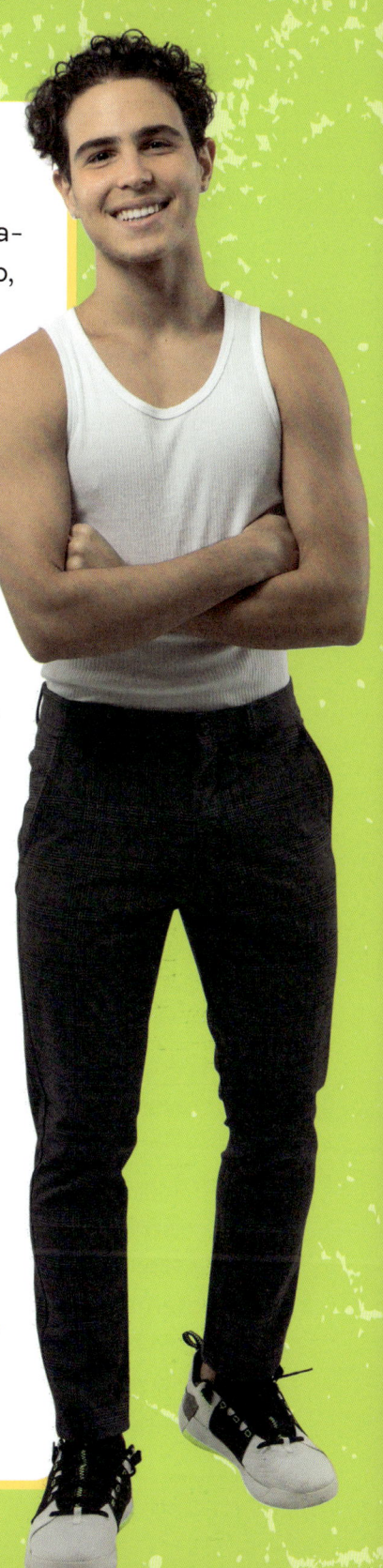

NADA DO QUE PLANEJAMOS ACONTECEU. OU QUASE ISSO.

Desde pequeno, sempre fui desenrolado. Ou melhor, esperto. Em certo momento, meus pais chegaram a cogitar a hipótese de que eu tivesse TDAH (Transtorno do Déficit de Atenção com Hiperatividade) e me levaram à psicóloga.

— Essa criança não sossega! Na creche, enquanto todas as outras crianças dormem no famoso cochilinho da tarde, o Igor fica acordado correndo, vai para o parquinho, chuta bola. Ele acaba até acordando as outras crianças (kkkkkk). Ele não para um segundo sequer. Por que isso?

Depois de uma ou duas consultas, veio o veredicto:

— Papai, mamãe, o Igor tem um probleminha, sim. Esse probleminha é: energia demais! Ele precisa gastar isso tudo, fazer o máximo de atividades e exercícios. Só isso. No mais, tudo normal.

E, COM ISSO, A FICHA DOS MEUS PAIS CAIU DE UMA VEZ POR TODAS. Até hoje eu realmente não consigo ficar muito tempo parado, estou sempre inventando várias coisas pra fazer. **ENTÃO, SE O PROBLEMA ERA TER ENERGIA DEMAIS, A SOLUÇÃO ERA EXTRAVASAR!**

Saímos do consultório e fomos direto me matricular em três atividades para gastar todo o meu gás:

NATAÇÃO
FUTEBOL
HIPISMO

Mas meus pais precisavam estar o tempo todo atentos à minha necessidade de liberar a energia. Uma simples ida a um restaurante precisava ser planejada. Lembro que a gente optava sempre por lugares onde houvesse parquinho, porque, logicamente, eu não conseguia ficar parado, tranquilo, esperando a comida. **Eu precisava levantar, correr, escorregar na piscina de bolinhas... e falar com os garçons!** Porque, para entrar nos parquinhos, era preciso uma pulseira de acesso que só os garçons poderiam dar.

Sendo assim, eu abria um sorrisão e pedia:

— Moço, você pode me dar uma pulseira amarela? Aquela que dá direito a todos os brinquedos, por favor? Ah, e vocês têm sorvete?

— Temos, sim! Qual sabor esse garotinho simpático quer?

— Oba! Quero de chocolate!

Esse desenrolo todo e a facilidade em me comunicar chamavam a atenção das pessoas e, em pouco tempo, todo mundo começou a falar aos meus pais que eles deveriam investir em comerciais de TV, que eu deveria aproveitar tanta energia e simpatia para a Televisão.

BEM, CONFESSO QUE EU ERA "AMOSTRADO" MESMO. Ah, "amostrado" quer dizer "aparecido", que gosta de "aparecer".
Minha mãe pedia para fazer uma pose e abrir um sorriso para a foto e eu fazia assim:

AMOSTRADO, NÉ?

ATÉ HOJE, INCLUSIVE!

O problema nessa ideia é que a cena cultural de Fortaleza era muito restrita. Não havia muitas opções de teatro, nem muitos cursos para desenvolver uma aptidão em artes cênicas. Minha mãe duvidou até que encontraria uma agência de atores e modelos mirins que pudesse nos ajudar a conseguir testes para comerciais.

Pouco tempo depois de ouvir pela primeira vez que eu deveria investir em uma carreira televisiva, uma colega de trabalho da minha mãe indicou uma agência de modelos próximo ao escritório onde trabalhavam. Sem muita expectativa, minha mãe anotou o número e ligou para saber mais informações.

Quem atendeu foi a própria dona da agência.

— Olha, agradecemos muito o seu interesse, mas já fechamos todas as vagas do semestre para novos agenciados. Mas fique à vontade se quiser mandar uma foto do seu filho, que já posso deixar arquivada. Conversamos quando abrirmos novas inscrições, tudo bem?

VIIIIIIIIIIIIIIIIIXEE.

Foi um balde de água fria na gente. Na verdade, na minha mãe, porque eu não coloquei expectativa nenhuma naquilo. **AFINAL, EU QUERIA MESMO ERA SER JOGADOR DE FUTEBOL RSRSRS.**

Assim, minha mãe enviou a foto e imaginou que levariam uns 365 dias para me chamarem para algum teste.

Cinco minutos depois de receber o e-mail, a dona da agência ligou de volta.

— Alô, é a mãe do Igor Jansen? Oi! Olha, retornei super-rápido porque não tenho ninguém com esse perfil!

— Que perfil?

— Com esse cabelo, esse sorriso e esse carisma.

— Você notou carisma pela foto?

— Aham, só pelo olhar. **Traz seu filho aqui na agência AGORA.**

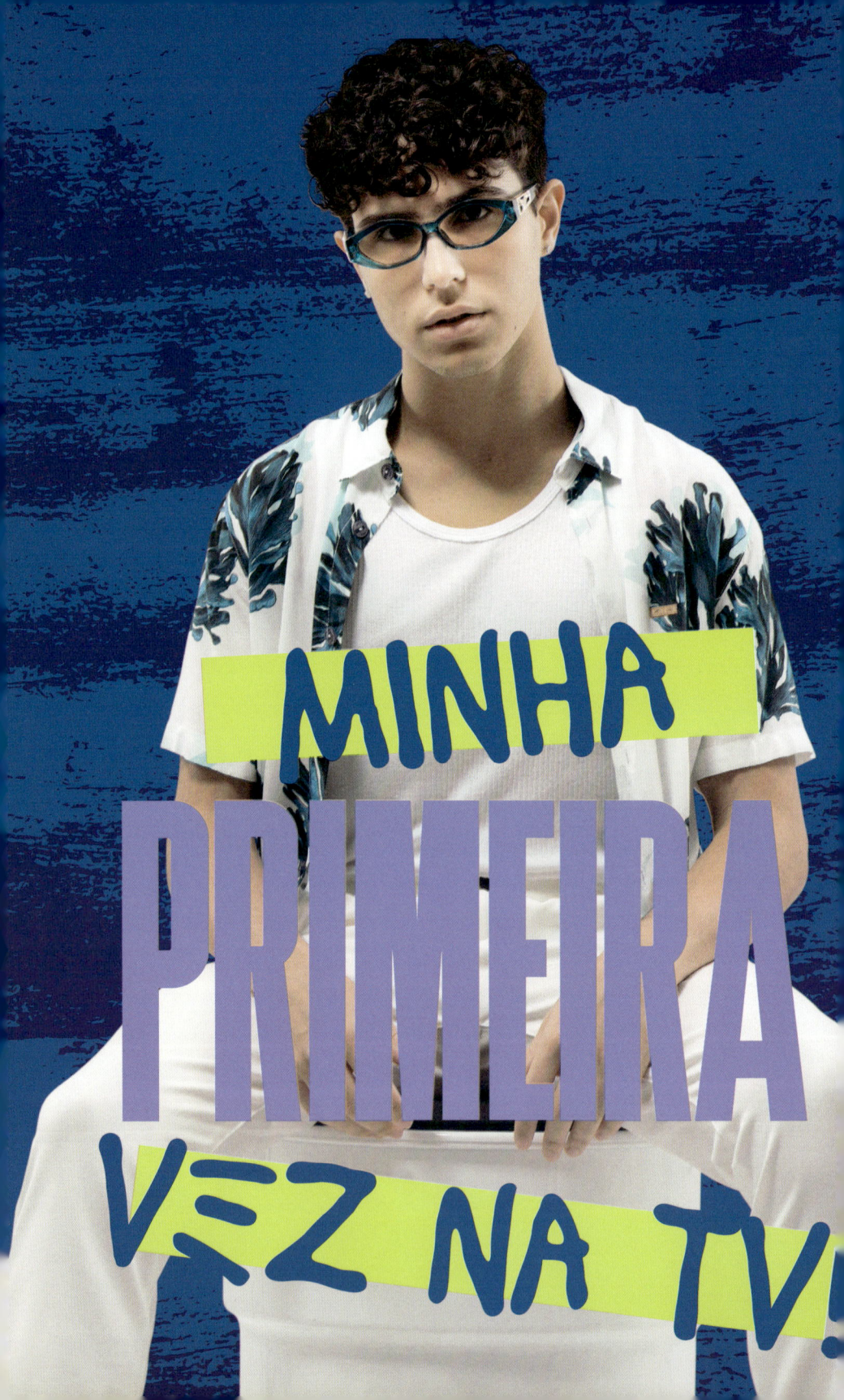

CONFESSO QUE NÃO ESTAVA LEVANDO MUITO A SÉRIO ESSE PAPO DE AGÊNCIA, COMERCIAIS, TELEVISÃO. Na minha cabeça, a minha mãe tinha me inscrito em algum lance e meu nome só ia aparecer sei lá onde, nada demais. Pra falar a verdade, eu sequer entendia direito o que significava a coisa toda e estava só, como diz Zeca Pagodinho, no lema "deixa a vida me levar".

Nessa época, eu e meus pais morávamos na casa da minha avó paterna. Nós tínhamos vendido o apartamento em que vivi durante sete anos, um local de que eu me lembraria pra sempre por um motivo: as tardes batendo bola com o Ronildo.

Ronildo era porteiro do prédio, mas também era como se fosse um membro da família, um grande parceiro. Eu morava no térreo e a janela da sala dava para a frente da guarita onde ele ficava. O prédio não tinha quadra, nem parquinho, apenas duas colunas, mas que eram suficientes para me fazer imaginar que estava em campo. Eu e Ronildo chegávamos a passar quatro horas direto jogando bola. Até hoje ele é um dos meus maiores fãs.

COMO OS MEUS PAIS TRABALHAVAM, MINHA AVÓ ELIANA FOI QUEM ME LEVOU PARA FAZER A SESSÃO DE FOTOS NA AGÊNCIA. Levei várias peças de roupa (até sunga), assim poderíamos simular diferentes perfis e atender ao que o cliente pudesse pedir. Fiz tudo como me indicaram, mas, mesmo animada, a dona da agência alertou: "Não crie muita expectativa, ok? Porque não temos como garantir que vá aparecer algum trabalho."

Ela nem precisava ter falado, porque eu tinha zero expectativa. Meu negócio era voltar para casa e ir para a escolinha de futebol.

Eu estava super de boa, tranquilo. Na minha imaginação fértil, eu tinha ido até aquele lugar desconhecido, tirado umas fotos e voltado para casa, pronto. Na verdade, tinha achado até meio bom, porque aquilo me fez perder algumas aulas das quais eu não gostava, hahaha.

Duas semanas depois da sessão de fotos, peguei uma gripe. Comecei a ficar com febre, mal, sem apetite e muito, muito cansado. Aquela energia toda tinha desaparecido, mesmo tomando antibiótico. No segundo dia de febre alta, eram umas sete e pouco da manhã e minha mãe se arrumava para ir para o trabalho quando o telefone tocou. TELEFONE TOCANDO CEDO ASSIM? SERIA UMA EMERGÊNCIA?

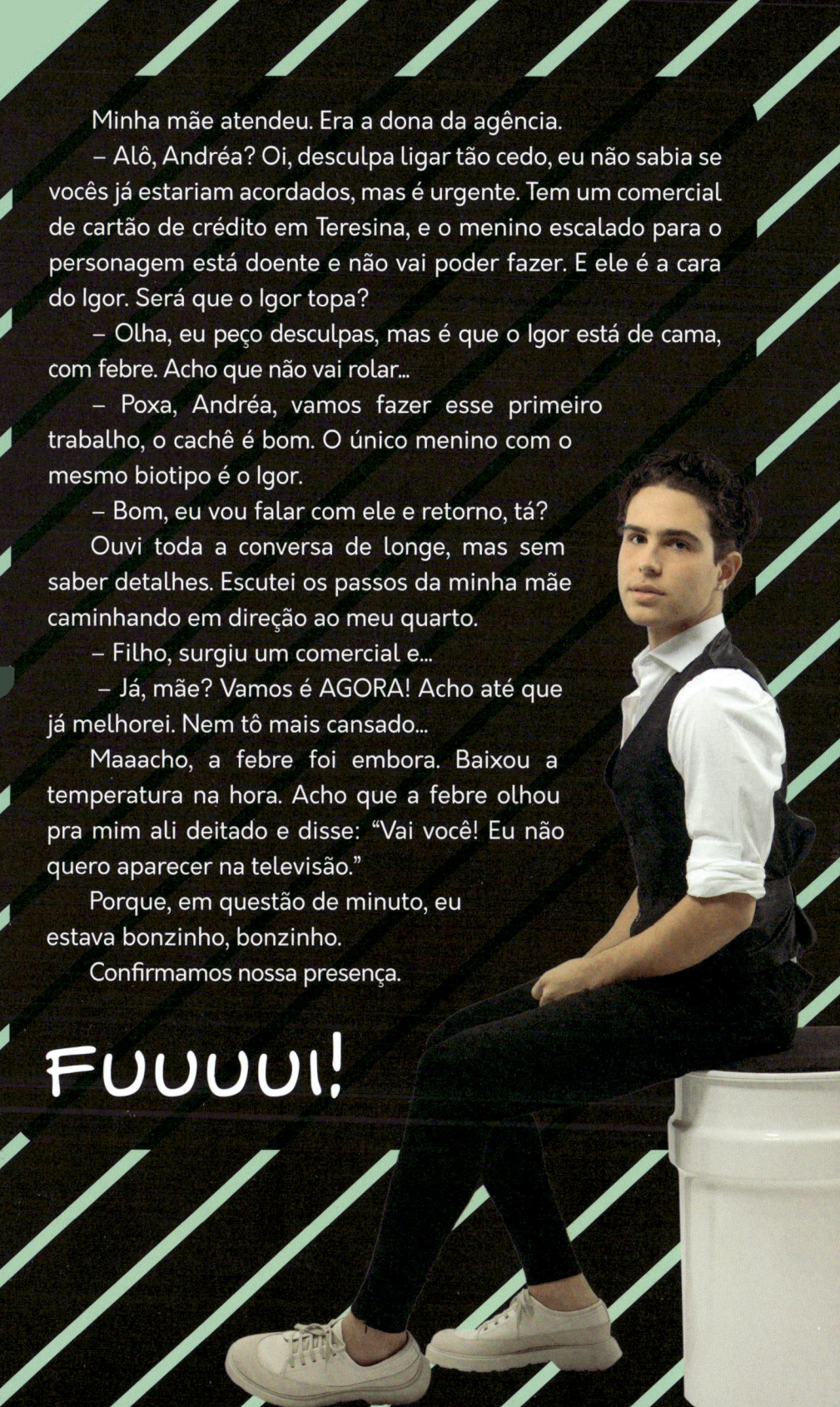

Minha mãe atendeu. Era a dona da agência.

— Alô, Andréa? Oi, desculpa ligar tão cedo, eu não sabia se vocês já estariam acordados, mas é urgente. Tem um comercial de cartão de crédito em Teresina, e o menino escalado para o personagem está doente e não vai poder fazer. E ele é a cara do Igor. Será que o Igor topa?

— Olha, eu peço desculpas, mas é que o Igor está de cama, com febre. Acho que não vai rolar...

— Poxa, Andréa, vamos fazer esse primeiro trabalho, o cachê é bom. O único menino com o mesmo biotipo é o Igor.

— Bom, eu vou falar com ele e retorno, tá?

Ouvi toda a conversa de longe, mas sem saber detalhes. Escutei os passos da minha mãe caminhando em direção ao meu quarto.

— Filho, surgiu um comercial e...

— Já, mãe? Vamos é AGORA! Acho até que já melhorei. Nem tô mais cansado...

Maaacho, a febre foi embora. Baixou a temperatura na hora. Acho que a febre olhou pra mim ali deitado e disse: "Vai você! Eu não quero aparecer na televisão."

Porque, em questão de minuto, eu estava bonzinho, bonzinho.

Confirmamos nossa presença.

Fuuuui!

Chegando lá, o que mais me espantou foi ver de pertinho aquelas câmeras enormes, os holofotes muito fortes apontando para o local onde a cena seria gravada. Eu fiquei absolutamente fascinado. Quando parei diante daquelas lentes gigantescas, a ficha começou a cair:

EU VOU APARECER NA TV!

Minha mãe conta que ficou morrendo de medo de ser taxada de mentirosa. Afinal, poucas horas antes ela havia dito que eu estava mal, com febre e, de repente, ali estava um Igor todo feliz, empolgado e eufórico no set de filmagem.

Esse comercial de cartão de crédito tinha várias cenas e foi meu primeiro trabalho. Eu fazia o menino pobre e outro menino da minha idade, o rico. Começamos a gravar às 10h e só paramos às 18h.

No fim da diária, meus olhos começaram a brilhar. Na verdade, já estavam brilhando desde o primeiro momento. Tudo naquele ambiente me fascinava: a correria, a quantidade de pessoas trabalhando ao mesmo tempo, as luzes e lentes apontadas para os atores. Na minha cabeça, uma única coisa ressoava:

EU VOU APARECER NA TV!
EU VOU APARECER NA TV!
AMANHÃ VOU CHEGAR NA ESCOLA E CONTAR PARA TODO MUNDO QUE FIQUEI FAMOSO E VOU APARECER EM TODO O BRASIL!

A FEBRE E O CANSAÇO REALMENTE TINHAM
DE-SA-PA-RE-CI-DO.

Quando a gravação acabou, a vida voltou ao normal em poucos dias: escola, futebol, casa. Perguntei pra minha mãe:

— Mas, mãe, eu não vou aparecer na televisão?

— Filho, é que o comercial só vai passar em Teresina, no Piauí.

— OXE, MAS SÓ LÁ? E AGORA, COMO EU VOU CHEGAR NA ESCOLA E DIZER QUE TODO AQUELE TRABALHO SÓ VAI APARECER NO PIAUÍ? "ERA TUDO MENTIRINHA, VIU, GENTE? NÃO VALEU DE NADA O COMERCIAL. PEGADINHA DO MALANDROOO!"

Só que, nessa missão de substituir o ator que tinha ficado doente, comecei a engatar um comercial após o outro. E, a cada trabalho, eu ficava mais encantado, porque ir para o *set* era sempre uma diversão.

POR EXEMPLO, SOU LOUCO POR ANIMAIS. Um dia, surgiu a oportunidade de fazer um comercial de pijamas para uma loja de Fortaleza mesmo. Quando chegamos ao local combinado, UAU! Era um baita de um estúdio, o maior no qual eu tinha estado até então, todo profissional, com sala de maquiagem e vários cenários. Quando dei o primeiro passo em direção ao ambiente de cena, vrrrrrrruuuuuuuuuum! Um bicho grande passou bem perto do meu pé.

— UM RATO! PASSOU UM RATO AQUI!

Pensei que fosse uma daquelas rataza-nas enormes que a gente vê em filmes ou em algumas cidades bem grandes. Todo mundo da equipe levou um susto com meu grito de "rato". Mas logo viram que era um alarme falso, porque o rato na verdade era um...

GATO
DA RAÇA
SPHYNX!

CURIOSIDADES SOBRE A RAÇA SPHYNX:

Em inglês, a palavra *sphynx* significa "esfinge". Por isso, muita gente acha que a origem desse gato é egípcia. ERRADO! A raça sphynx teve origem no Canadá, em 1966, resultado de uma mutação genética natural. Mas, sim, o nome foi dado porque, desde o começo, os gatos dessa raça faziam lembrar as famosas esfinges egípcias.

Por causa do metabolismo muito acelerado, os sphynx vivem famintos e comem mais do que a média dos felinos. Ah, lembre-se sempre de que a melhor pessoa para monitorar a dieta do seu gato é o veterinário, ok?

O SPHYNX PARECE NÃO TER PELOS, MAS TEM, SIM. Quem olha mais de perto, enxerga uma camada de pelos fininhos e muito curtos, quase invisíveis. Por isso, ele não é, de fato, um gato sem pelos, como acabou ficando conhecido.

Banhos semanais (com água, não só de língua, kkkk) são quase obrigatórios. A pele do sphynx produz oleosidade como qualquer outra e, justamente pela quase ausência de pelos, essa oleosidade pode se tornar excessiva.

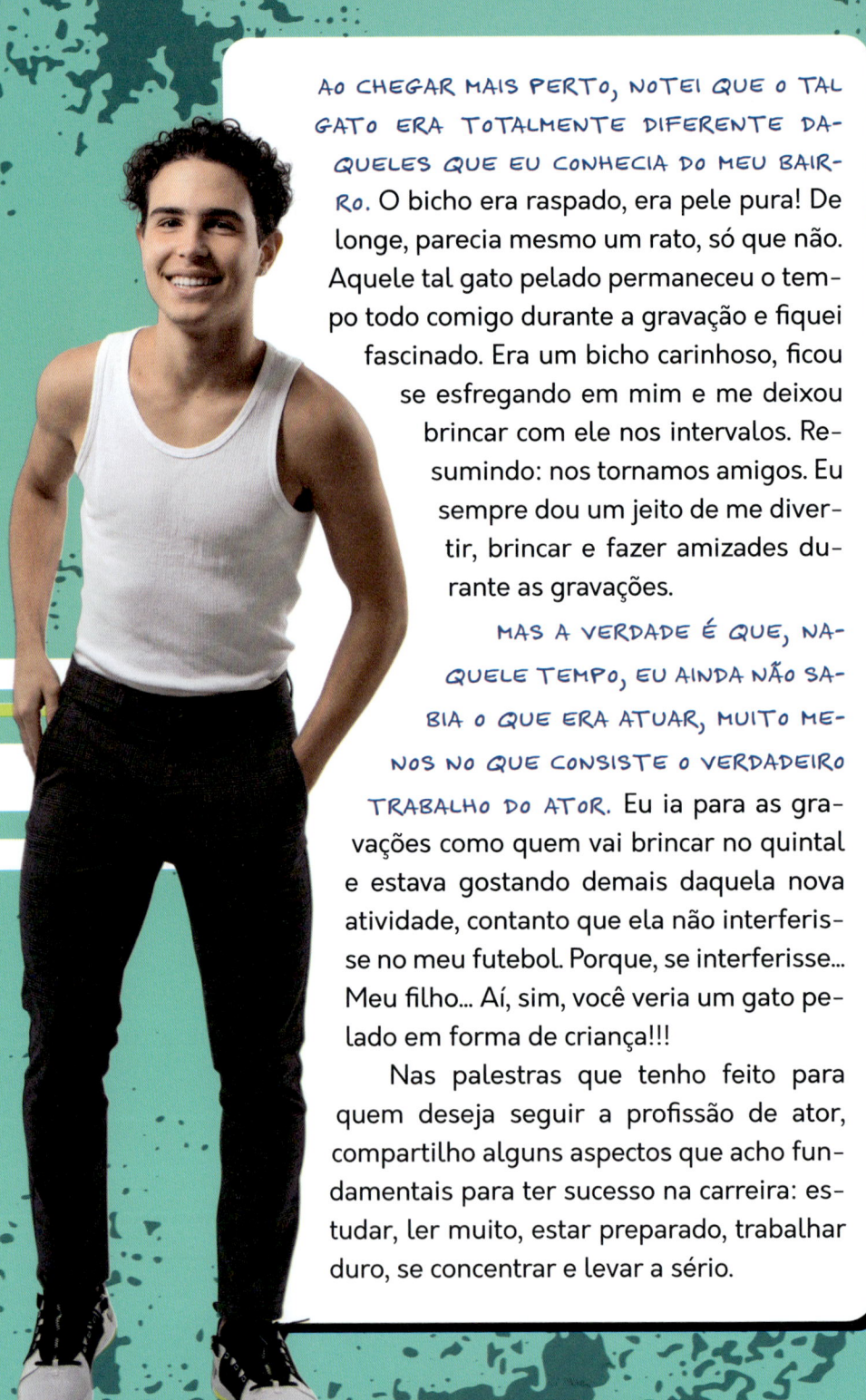

AO CHEGAR MAIS PERTO, NOTEI QUE O TAL GATO ERA TOTALMENTE DIFERENTE DAQUELES QUE EU CONHECIA DO MEU BAIRRO. O bicho era raspado, era pele pura! De longe, parecia mesmo um rato, só que não. Aquele tal gato pelado permaneceu o tempo todo comigo durante a gravação e fiquei fascinado. Era um bicho carinhoso, ficou se esfregando em mim e me deixou brincar com ele nos intervalos. Resumindo: nos tornamos amigos. Eu sempre dou um jeito de me divertir, brincar e fazer amizades durante as gravações.

MAS A VERDADE É QUE, NAQUELE TEMPO, EU AINDA NÃO SABIA O QUE ERA ATUAR, MUITO MENOS NO QUE CONSISTE O VERDADEIRO TRABALHO DO ATOR. Eu ia para as gravações como quem vai brincar no quintal e estava gostando demais daquela nova atividade, contanto que ela não interferisse no meu futebol. Porque, se interferisse... Meu filho... Aí, sim, você veria um gato pelado em forma de criança!!!

Nas palestras que tenho feito para quem deseja seguir a profissão de ator, compartilho alguns aspectos que acho fundamentais para ter sucesso na carreira: estudar, ler muito, estar preparado, trabalhar duro, se concentrar e levar a sério.

O CAMINHO DO ATOR NÃO É UM MAR DE ROSAS FEITO SÓ DE PÉTALAS: AS ROSEIRAS TÊM ESPINHOS.

Para alguns mais do que para outros, mas eles sempre existirão. É preciso trabalhar duro se quiser estar preparado para agarrar as oportunidades. No meu caso, costumo dizer que o sucesso foi uma junção de trabalho e da mão de Deus. Peço sempre a Ele que me ajude e, pra isso, sempre faço a minha parte.

NESSES ANOS DE CARREIRA, ENCAREI ALGUNS TRABALHOS QUE NÃO FORAM LÁ MUITO FÁCEIS.

Comerciais de shopping, por exemplo. Passei algumas madrugadas em claro nessa função, gravando enquanto todos os meus amigos dormiam no conforto de suas camas. Em geral, esse tipo de gravação é filmado quando as lojas estão fechadas; ou seja, das 22h às 6h.

O PROBLEMA É QUE, NA MANHÃ SEGUINTE, EU TINHA QUE IR PARA A ESCOLA, NÉ?

Um acontecimento curioso dos bastidores é que, em dado momento da gravação, me falaram que não precisavam de mim. Beleza. Falei para o meu pai que estava com sono, então nos sentamos em um banco, apoiei a cabeça no ombro dele e PUFFFFFFFFFF... dormi de 1h às 4h. Acordei com a produção me chamando, mas, quando a pessoa acorda assim, no meio da madrugada, em um banco de shopping, ela acorda sem entender NADA.

— Quero ir para a escola, não, pai...

— Que escola, menino? Bora trabalhar!

De volta ao set, começava a magia dos comerciais de TV. Eu estava ali para a gravação de um material promocional de Natal, com direito a palhaço, malabarista e, é claro, o Papai Noel em pessoa. Para melhorar, o diretor me pediu para ficar na frente do elenco e ao lado do Bom Velhinho. O sono passou totalmente naquele momento. MAS A COISA DE GRAVAR FUNCIONA ASSIM: A GENTE SE CONCENTRA, SORRI E DEMONSTRA ALEGRIA EM CENA, MAS, DEPOIS QUE O DIRETOR GRITA "CORTA", A VIDA VOLTA IMEDIATAMENTE AO NORMAL. No meu caso, foi o sono que voltou com tudo. E lá foi o Igor de volta para o banco de shopping dormir mais um pouquinho...

NINGUÉM É DE FERRO, NÉ?

Àquela altura, eu já estava tão fascinado pelo mundo da publicidade e pela agenda cheia de compromissos de gravação que, quando surgia uma tarde livre, eu até cobrava os meus pais: "Vamos trabalhar? Eu quero trabalhar!"

Nas palestras, muita gente me pergunta como eu consegui chegar aonde cheguei sem ter feito tantos cursos de dramaturgia. De fato, minha trajetória é um pouco diferente da de muitos atores. AS COISAS FORAM ACONTECENDO COM BASE EM MUITO TRABALHO, CONCENTRAÇÃO E... SORRISOS!

É verdade! Fiquei conhecido entre os diretores publicitários de Fortaleza pelo meu sorriso. Um deles até me definiu como o menino do "sorriso *fake* natural", porque, mesmo cansado ou com sono, como no comercial de Natal, eu conseguia sorrir com muita naturalidade. Bastava o diretor gritar "GRAVANDO" que eu abria o sorrisão para as lentes. Quem visse de longe juraria que aquela criança (no caso, eu) estava superalegre. Mas não: às vezes, eu estava era supersonolento mesmo hehehe. Mas foi graças a esse sorrisão que os diretores começaram a lembrar de mim para outros comerciais.

Falando em diretores, uma das coisas que aprendi logo no começo foi respeitar direitinho o que eles falam antes da cena. Diria até que sou um ator fácil de dirigir.

E essa história de ser bem dirigido me lembra muito aquela do "três", instituída pela minha mãe.

Ela me dá três chances:
NA PRIMEIRA, ELA CHAMA.
NA SEGUNDA, ELA GRITA.
NA TERCEIRA, EU CORRO.
HAHAHAHAHA!

Quando ela chamava a primeira vez, era bem comum que eu ouvisse e não fizesse nadinha. Mas, na segunda, eu tremia na base.

E acabei levando isso para os meus trabalhos. QUANDO O DIRETOR ME DIZ "FAZ TAL COISA", EU IMEDIATAMENTE ME LEMBRO DESSA REGRINHA CASEIRA E BATE AQUELE MEDO DE OUVIR MINHA MÃE MANDAR O GRITO.

A didática lá em casa até hoje é esta: as orientações começam a vir antes de sair de casa. No carro mesmo, antes de chegar nos lugares, minha mãe vai passando todas as orientações sobre como devo agir. E, se alguma coisa sair do tom ou eu passar um pouco do limite (hehehe), com certeza vai vir aquele aviso silencioso de canto de boca:

— Se você não se comportar, a gente resolve em casa.

Aí, meu irmão, pode ter certeza de que, na mesma hora, vou lembrar de me comportar.

A gente se expressa com o olhar. Quando minha mãe olha para mim, eu sei exatamente o que ela está pensando. Por exemplo, quando eu ia a algum aniversário, às vezes eu TOCAVA O TERROR NA FESTA: corria entre as mesas, esbarrava nas pessoas, pegava salgadinhos loucamente... Até, de repente, a uns 10 metros de distância, avistar a cara da minha mãe... a cara FECHADA dela, me encarando. Bastava um mísero olhar para essa cara e eu parava imediatamente. Ela era um sinal de que, quando chegássemos em casa, meu irmão, não teria para onde correr e eu ia levar uma bronca daquelas de deixar a orelha quente!

ÀS VEZES, EU ACHO QUE MINHA MÃE SE ESQUECEU DE PASSAR NA FILA DA... PACIÊNCIA.

Ela mesma diz que chegou a entrar na fila, mas ficou sem paciência e foi embora.

Só pode. Kkkkkkkkk!

VOCÊ NÃO É TODO MUNDO!!!

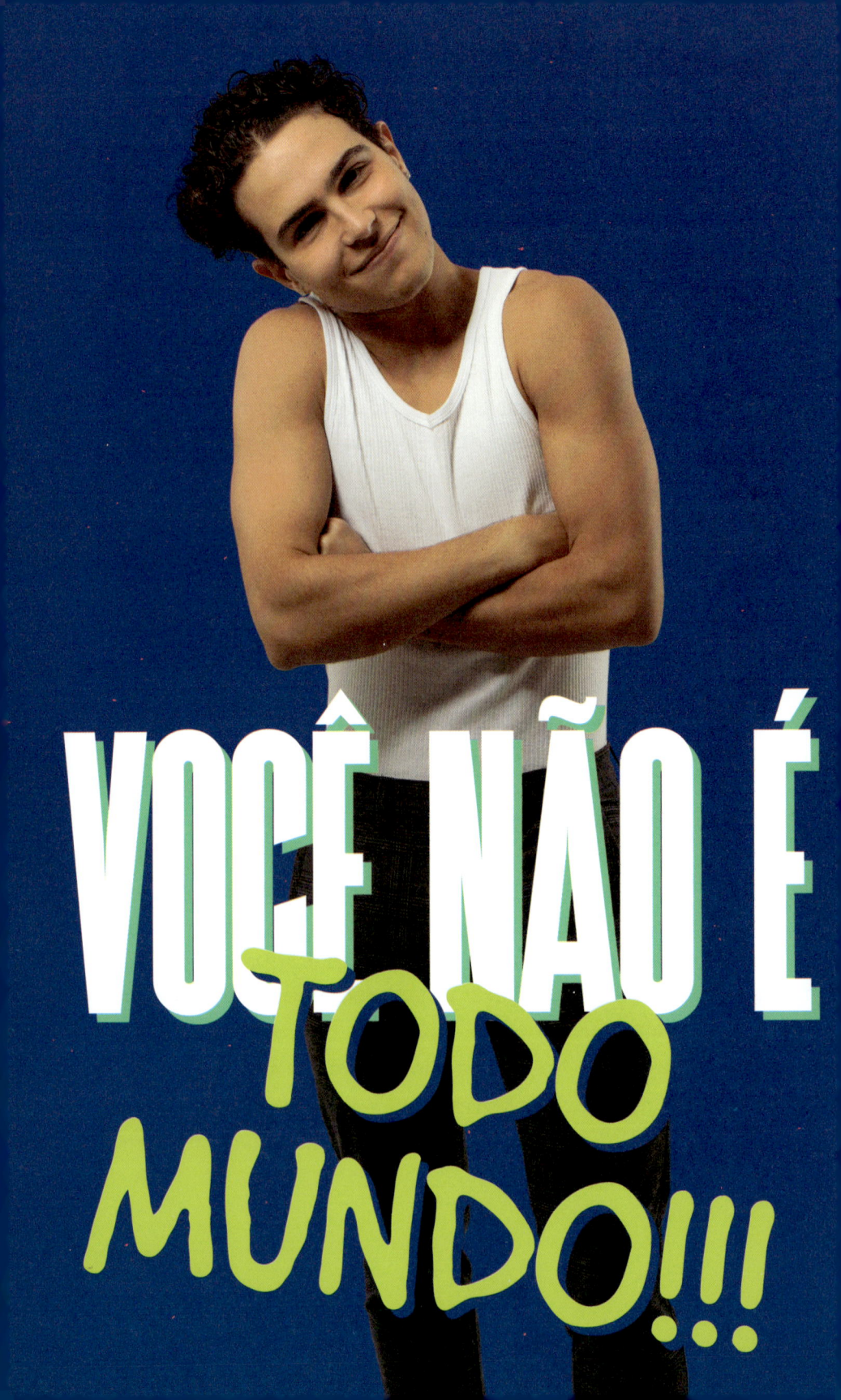

EU TINHA OITO ANOS E A MODA NA ESCOLA ERA O BEYBLADE. Beyblade é um brinquedo que basicamente é um pião para ser usado em batalhas. Muitos de vocês já sabem o que é, mas vou explicar: em uma pequena arena, os jogadores soltam seus piões ao mesmo tempo e eles vão se batendo até sobrar só um de pé e girando, o campeão da disputa.

EU ERA FANÁTICO POR ESSA BRINCADEIRA E, COMO NÃO TINHA UM BEYBLADE, PEDIA EMPRESTADO E IA REVEZANDO COM A TURMA.

Na escola, eu e mais cinco amigos costumávamos jogar no intervalo das aulas.

Quando o sinal batia, afastávamos as carteiras na sala e, enquanto o próximo professor não chegasse, fazíamos campeonatos. O Beyblade realmente foi uma febre nacional, mundial até, já que o brinquedo vinha do Japão e tinha vários modelos:

O BURST, FEITO PARA DESMONTAR O ADVERSÁRIO;

O ATAQUE, COM MUITA VELOCIDADE PARA ABATER OS OUTROS;

E A DEFESA, MAIS PESADO E DIFÍCIL DE SER DERRUBADO.

Um dia, cheguei em casa e pedi pra minha mãe:

— Mãe, me dá um Beyblade? Eu quero muito! Todo mundo na escola tem!

— Igor, esse negócio é caríssimo e **VOCÊ NÃO É TODO MUNDO!!!**

Viiiiiiiixeeee. Não sei se acontece na casa de vocês, mas uma das frases que mais escutei na infância foi:

VOCÊ NÃO É TODO MUNDO!!!

Conhecem essa?
Se sim, bem-vindos ao meu mundo!

✳

Como eu queria MUITO ter meu próprio Beyblade, meio que fingi não ter escutado a famosa frase e continuei puxando assunto.

— BEM, SE É TÃO CARO, COMO EU FAÇO PARA JUNTAR DINHEIRO PARA COMPRAR UM?

A pergunta ficou meio no ar, porque o dinheiro que ganhei com meus primeiros trabalhos não era suficiente.

Um dia, fui chamado para fazer um catálogo de fotos e, na sala de espera, havia uma menina da agência que eu já conhecia e que era meio apaixonadinha por mim. Eu era o crush dela, digamos assim. Conversamos pouco, mas reparei que ela fazia pulseiras, unindo elásticos em círculos com várias ligas. Essas pulseirinhas de elástico eram outra febre entre os adolescentes. Naquele momento, minha ficha caiu:

> JÁ SEI! TALVEZ SEJA ESSE O JEITO DE CONSEGUIR MEU BEYBLADE!

Vendendo as pulseirinhas, eu poderia conseguir dinheiro para comprar o que tanto queria.

Cheguei perto da menina e pedi a ela para me ensinar a fazer as pulseirinhas. Lembro que ela olhou para a própria mãe e fez uma cara de:

"Será que eu devo ensinar meu ganha-pão para ele? E se eu perder clientes para esse menino?" Mas, no fim das contas, ela me ensinou mesmo assim.

Assim que chegamos em casa, falei com a minha mãe:

– Olha, mãe, já sei como vou comprar meus Beyblades! Vou fazer pulseirinhas para vender na escola.

Minha mãe topou e foi comigo comprar o material necessário. Comecei a ir para a escola com três pulseiras no braço, de cores diferentes: preto, branco e azul. Como todo mundo estava louco pelas pulseiras, bastou eu chegar na sala para meus amigos ficarem na vontade.

"CARACA!! Como você fez isso? Eu compro, eu compro! Quero uma!"

NO MESMO DIA, ANTES MESMO DE COMEÇAR A AULA, VENDI AS TRÊS PULSEIRAS QUE EU ESTAVA USANDO POR R$1 CADA. Saí do colégio todo feliz com meus R$3 e fui correndo contar ao meu pai:

– Pai, pai! Consegui três reais com as vendas!

Ele me aconselhou imediatamente:

– Igor, meu filho! O que é isso? Um real é muito pouco! Você tem que vender cada uma por no mínimo uns dois reais. É o mínimo do mínimo. O negócio só vai dar lucro se você conseguir dobrar o valor que a gente gastou com os elásticos. Se não, pode esquecer.

– Beleza, pai!

Aquela primeira aula de educação financeira me ajudou a entender o verdadeiro custo das coisas e a dar valor ao dinheiro. Até hoje tenho a caixinha de elásticos guardada na minha casa em Fortaleza.

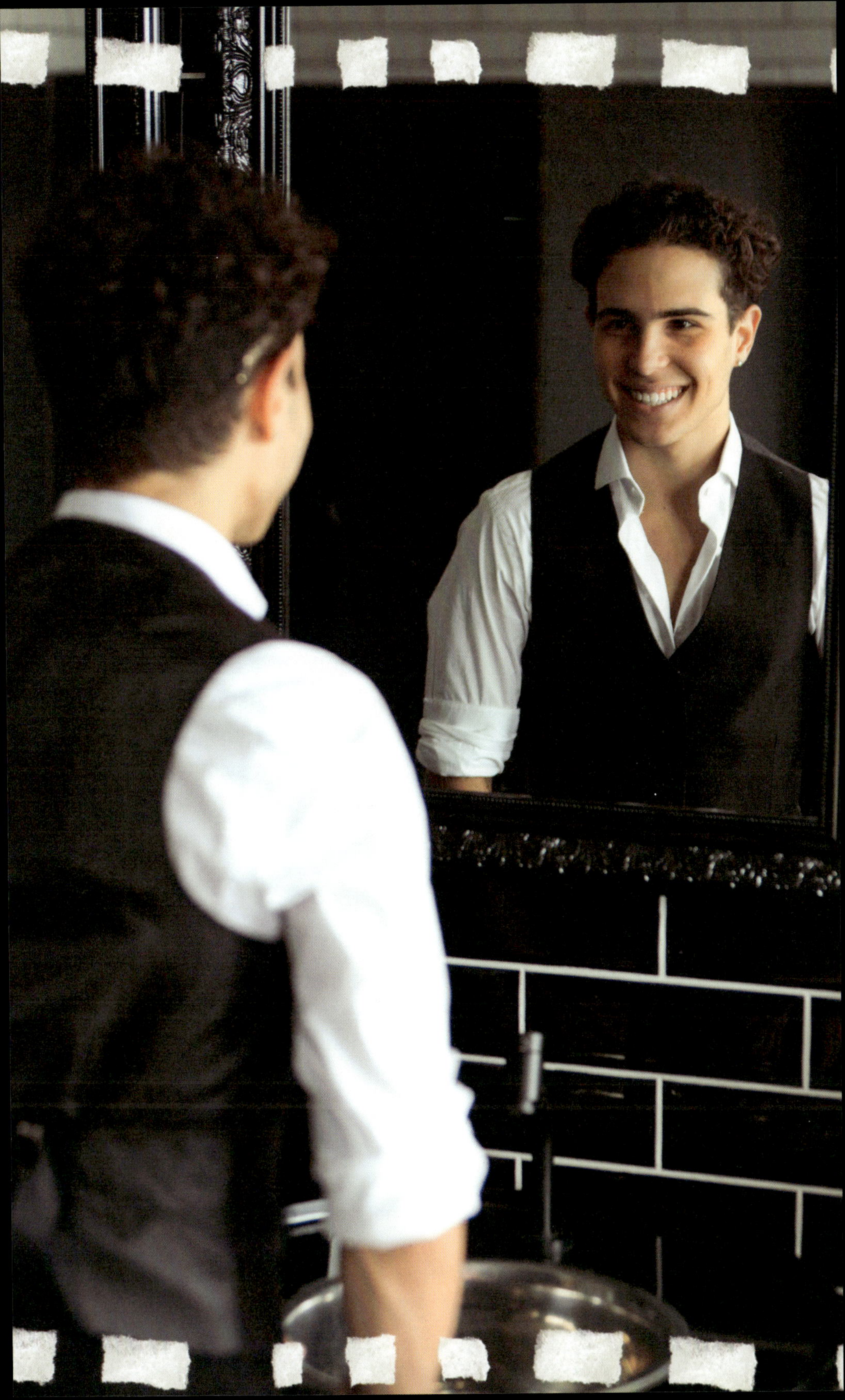

NUNCA FUI UM GAROTO MIMADO.

Em casa, minha mãe sempre dizia NÃO quando necessário. Como vocês viram páginas atrás, um simples olhar dela poderia ser quase fatal, hahaha. Não tinha nada de passar a mão na minha cabeça. Em casa, se eu não andasse na linha, era "peia", como se chama surra no Ceará. Com meu pai, as coisas eram um pouco diferentes, mas ele também sempre teve o cuidado de me ensinar que não bastava apenas pedir: eu precisava entender o valor do que estava pedindo. Quando eu queria um brinquedo, por exemplo, meu pai me explicava quantos trabalhos eu teria de fazer para conquistar o valor daquilo que eu desejava. Se um brinquedo custasse R$600 e um trabalho de fotos me pagasse R$150, eu fazia as contas:

Quatro tardes fazendo fotos para pagar um brinquedo.

OPA, PERAÍ! QUATRO TARDES INTEIRAS DE TRABALHO PARA UM BRINQUEDO? NÃO, NÃO QUERO MAIS.

Depois de ouvir o conselho do meu pai sobre o preço das pulseiras, voltei para a escola dessa vez usando seis unidades de cores diferentes e vendi todas no mesmo dia. Cobrando mais, é claro.

No dia seguinte, fui com oito e vendi todas.

O negócio começou a se popularizar na escola e passei a aceitar encomendas com o nome e a cor que a pessoa pedia. E, assim, começava minha carreira de vendedor.

Eita que tô parecendo o Silvio Santos, o próprio vendedor de carnês do Baú da Felicidade! HAHAHA!

Até que, um belo dia…

CONSEGUI A GRANA!

Eu e minha mãe fomos imediatamente ao shopping e saí de lá com meu Beyblade e até um outro acessório que vinha para brincar junto. Tinha dado certo!

AQUELE BRINQUEDO ERA MAIS QUE UM BRINQUEDO: ERA UMA CONQUISTA! ERA FRUTO DO MEU ESFORÇO E TRABALHO, O QUE ME DEIXOU AINDA MAIS FELIZ.

MINHA ESTREIA NO CINEMA

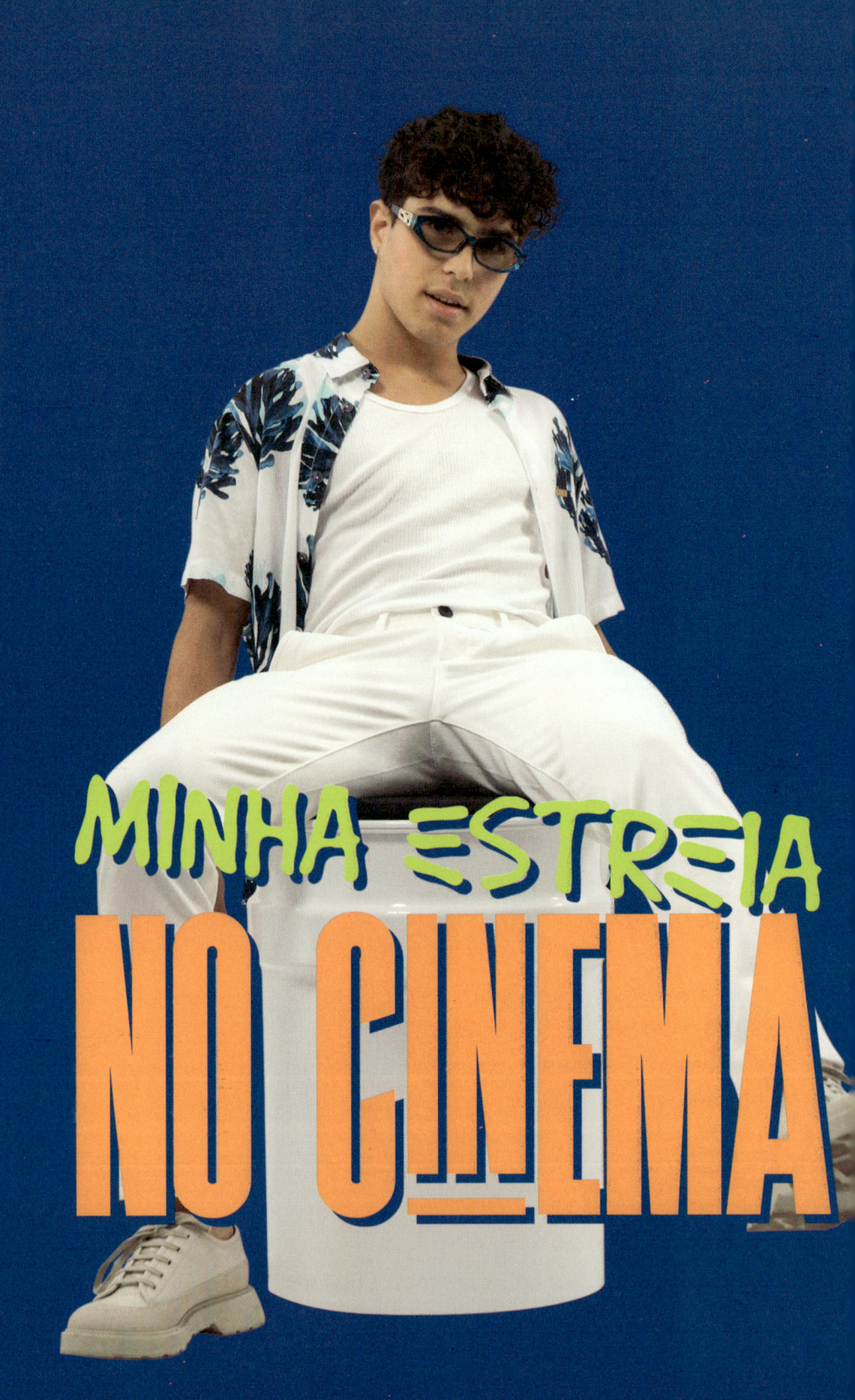

Como já disse antes, nem tudo foi um mar de rosas na minha carreira. Os testes não garantiam trabalho, madruguei para gravar (sorrindo!) o comercial do shopping e passei um dia inteiro embaixo de sol gravando uma propaganda para um parque aquático em Fortaleza.

Saí todo ardido, morrendo de cansaço e recebi um cachê superbaixo. Depois da experiência com o Beyblade, eu estava começando a sacar o valor do dinheiro. Uma semana depois da gravação, o tal comercial começou a ser veiculado. Então, mesmo sem muito entusiasmo, fui conferir o resultado e...

EU NÃO TINHA APARECIDO NEM UM SEGUNDO!

Bem, para ser justo, eu apareço em um milésimo de segundo numa cena em que um balde enorme joga água e ela espirra em quem está perto. Qualquer desavisado jamais saberia que era eu ali.

Naquele momento eu falei:

CHEGA! NÃO QUERO MAIS ISSO!

Eu tinha passado o dia inteiro num parque, não me diverti, saí todo queimado e ainda por cima para ganhar pouco? **PARA MIM ACABÔ!**

Tinha sido bom enquanto durou. Eu tinha aparecido na televisão, todo mundo tinha visto.

Dali em diante, eu voltaria a me dedicar ao meu bom e velho futebol.

Virei para minha mãe e disse:

— Mãe, não invente mais trabalho, tá bem? Eu não quero mais fazer comerciais.

A verdade é que eu estava P da vida e tinha certeza de que aquilo havia acabado para mim. Eu queria me desligar da agência e parar com aquela rotina de testes e gravações que, no fundo, só atrapalhavam o futebol.

Minha mãe pediu para eu esperar mais um pouco, só mais umas semaninhas para tomar uma decisão definitiva.

Alguns dias depois, o telefone de casa tocou: era a agência de novo. Motivo: um novo teste para um comercial, mas não revelaram a marca. Achamos aquele mistério um pouco estranho, mas tudo bem.

Saí mais cedo da aula, o que não era de todo ruim, e fomos.

Chegando lá, me deparei com uma cena que nunca vi antes na minha carreira de garoto-propaganda: uma fila grande de crianças para serem testadas. GRANDE, NÃO. GIGANTE.

— Mermão, esse comercial deve ser veiculado no mundo inteiro, hein?

NUNCA TÍNHAMOS VISTO UMA FILA COMO AQUELA EM UM TESTE. Depois, eu descobriria que os testes em cidades grandes, como São Paulo e Rio de Janeiro, eram assim mesmo, com dezenas, às vezes centenas de atores e modelos aguardando a vez. Na minha bela Fortaleza, no entanto, aquilo não era nem um pouco comum.

Havia dezenas e dezenas de crianças, todas sentadas ao lado da respectiva mãe. Nos sentamos ali e... esperamos. Por horas, e horas, e mais um pouco. Na minha vez de entrar no estúdio, me passaram uma fala bem pequena, eu fiz minha parte e pronto. Tchau. **DETALHE: EM MOMENTO NENHUM FALARAM PARA O QUE ERA O TESTE.**

Uma semana passou e... nada.

Duas semanas... nada.

— Ô, mãe, cê não achou estranho aquele teste? Ninguém avisou nada, nem sabemos para o que é...

— Filho, a agência não ligou. Acho que você não passou.

Ok. Vida que segue. Nem fiquei triste, nem nada, porque não criei expectativas e estava a ponto de querer largar tudo e ficar só com a bola no pé.

Até que, um dia, o telefone tocou.

— Oi, Andréa? Então, a gente gostaria que o Igor viesse para uma segunda etapa daquele mesmo teste. Será que vocês poderiam vir novamente?

Dessa segunda vez, recebi um texto com falas maiores.

Pensei: *estoureeeeei. Vou fazer um comercial gigante! Vou ganhar muito dinheiro, esse negócio tem um montão de falas!*

Mais um tempo se passou sem nenhum retorno por parte deles.

— Mãe, aquele teste não deu certo, não?

— Não, não deu. Não me ligaram.

Até que, um dia, o telefone tocou (de novo).

— Andréa Jansen? Oi, tudo bem? Você está sentada?

— Oi. Estou, sim.

— Estou ligando para dizer que seu filho é um cara muito talentoso e está disputando o papel de protagonista em um filme do Halder Gomes, o mesmo diretor de "Cine Holliúdy" e "Os Parças 1".

— OI??? É O QUÊ? REPETE, POR FAVOR?

– Sabe aqueles testes? Então, o Igor foi para a etapa final e está cotado para um papel importante em um filme importante.

Eu estava ao lado da minha mãe quando a conversa aconteceu e me lembro exatamente de como foi.

Minha mãe não acreditava no que tinha acabado de ouvir. Ela olhou para mim e disse:

— FILHO, VOCÊ ESTÁ CONCORRENDO A UM PAPEL EM UM FILME, É UM DOS FINALISTAS!

Fiquei superempolgado, é claro! Na minha cabeça, um filme era como um comercial grande, gigante. Eu já tinha experiência em fazer comerciais, mas, agora, finalmente teria a chance de estrelar um filme! E mais: se eu já adorava aparecer na telinha de vários aparelhos de televisão, naquele momento me vi diante da chance de aparecer nas telonas dos cinemas! Já pensou?

MINHA CABEÇA, QUE JÁ É GRANDE, FICARIA AINDA MAIOR.

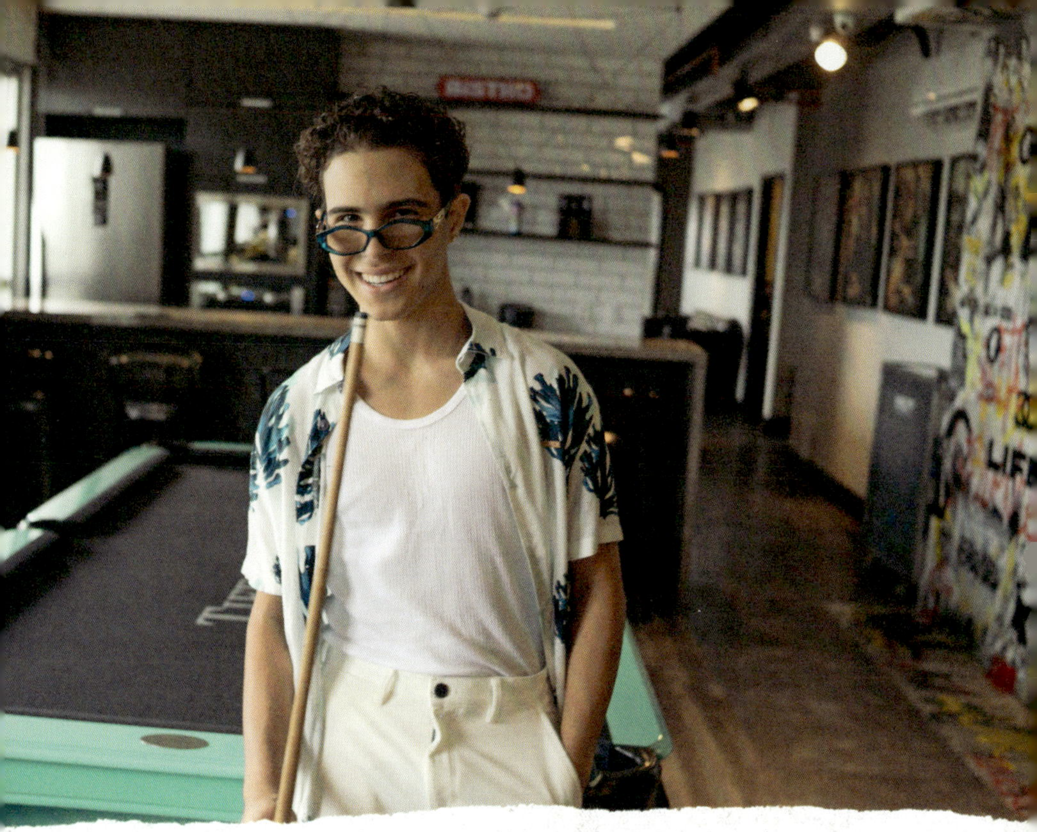
BISTRO

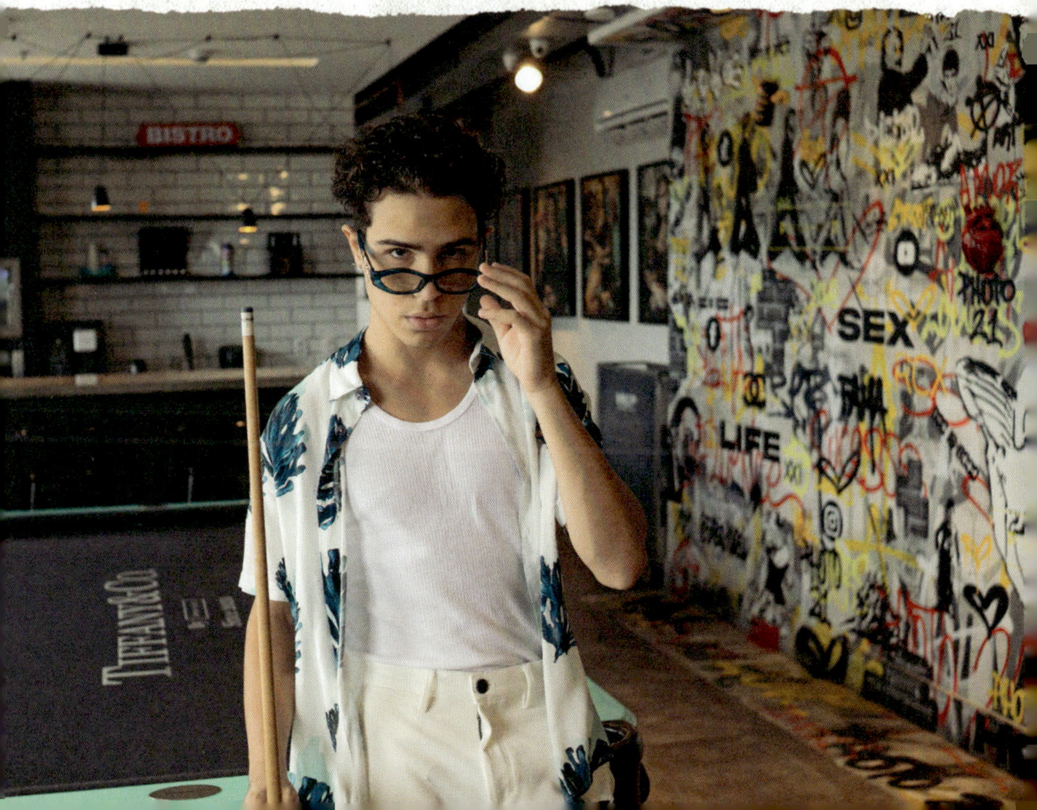
BISTRO
SEX
LIFE

MINHA PRESSÃO BAIXOU. E AGORA?

EU ESTAVA OBCECADO COM A IDEIA DE FAZER UM FILME.
Diferente dos testes de comerciais, em que agia normalmente, o segundo teste do filme foi diverso. A começar pelo local. O primeiro era um ambiente muito mais simples: era eu, uma câmera e uma produtora.

O SEGUNDO ERA UM ESTÚDIO GIGANTE.

Pediram que eu entrasse e ficasse em uma sala de espera. Quando entro, dou de cara com quem?

Simplesmente com o Edmilson Filho.

Edmilson Filho é um dos atores mais talentosos que eu conheço. Ele é cearense, nascido em Fortaleza, e o reconheci porque assisti umas sete vezes a "Cine Holliúdy", do mesmo diretor, Halder Gomes.

Fiquei gelado quando vi o Edmilson.

Eu, que não sou muito de disfarçar, olhei para o meu pai. Como ele não me olhou, eu fui lá e PAFT!!!! Dei um tapa nele:

— Pai, é ele, pai!

Povo bonito, isso já aconteceu com vocês? Encontrar com alguém que você admira muito, principalmente um ator ou atriz que tenha feito um filme ou uma novela que você curte?

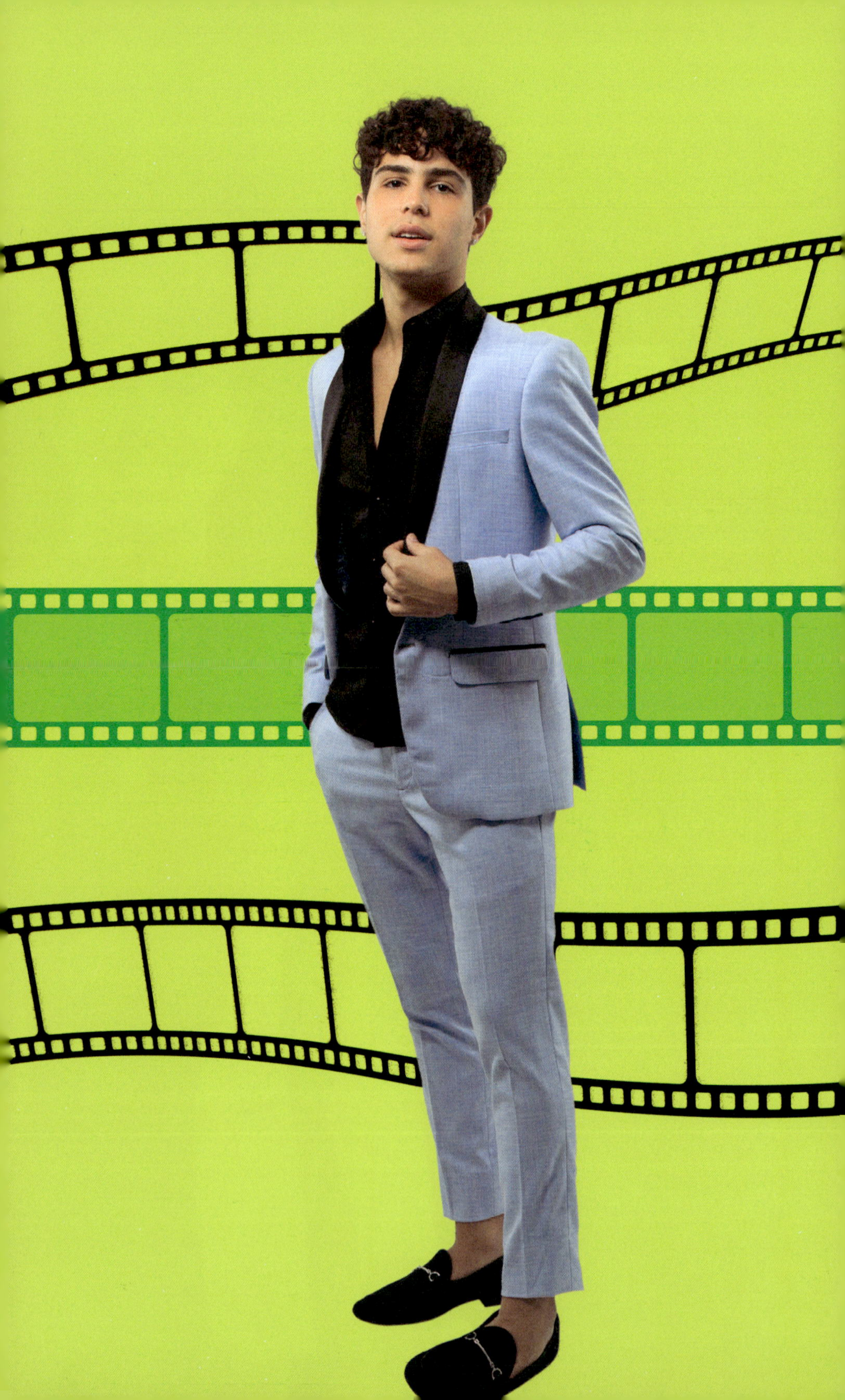

Pois imaginem a minha situação vendo um dos meus atores preferidos ali, bem na minha frente!

E MAIS: EU ESTAVA PRESTES A CONTRACENAR COM ELE!

Ao entrar com o Edmilson no estúdio, minha pressão baixou na mesma hora. Comecei a suar frio e senti a boca seca. Fui ficando branco, branco, branco. Fiquei tão confuso que confesso que não lembro de uma palavra do texto que encenei. Era como se eu estivesse no piloto automático. Simplesmente fiquei ali, olhando para o Edmilson. E, então, ele começou a falar comigo na maior paz, na maior tranquilidade, dando sequência ao texto da cena. Mas eu? Eu estava em outro planeta. Era como se tivesse desmaiado em pé.

Vendo que eu estava branco, Edmilson parou e perguntou se eu estava bem. Balbuciei algumas palavras. Quais? Não faço ideia, meu povo. Era nítido que eu não estava bem. Paramos um tempinho e ele pediu para eu me acalmar, relaxar e falar o texto com calma, como se estivesse conversando com o meu melhor amigo. Fui me acalmando e a imagem foi voltando ao normal.

O IGOR VOLTOU!

Decidimos deixar o texto de lado e improvisar. Quando vi, estávamos no maior bate-papo com a câmera ligada.

Uma semana depois, minha mãe foi me buscar no colégio e eu estava louco para contar uma grande notícia para ela: eu tinha tirado um 10 (não lembro exatamente em qual matéria). Eu sempre corria para contar quando tirava alguma nota boa. As ruins eu passava uma semana escondendo, hahaha!

Entrei no carro e:

– Mãe, tenho uma notícia boa! Tirei 10!

– É mesmo, filho? Que legal! Mas eu também tenho uma notícia boa para você.

– Tem? Qual?

– Você passou no teste e vai fazer o filme!

– O QUÊ? Mentira!

– Juro, filho. Parabéns!

Povo bonito, sabe o que eu fiz naquele momento?

Abri a janela do carro e comecei a gritar para todo mundo que estava na rua:

EU PASSEEEEEEEEEEEEEEEEEEEEEEI!
EU PASSEEEEEEEEEEEEEEEEEEEEEEEEEEI!

Com certeza as pessoas acharam que eu era doido.

Mas tudo bem. Eu só precisava extravasar aquela felicidade!

E, ASSIM, COMEÇAVA MINHA JORNADA DE DAR VIDA AO PIOLHO EM "O SHAOLIN DO SERTÃO".

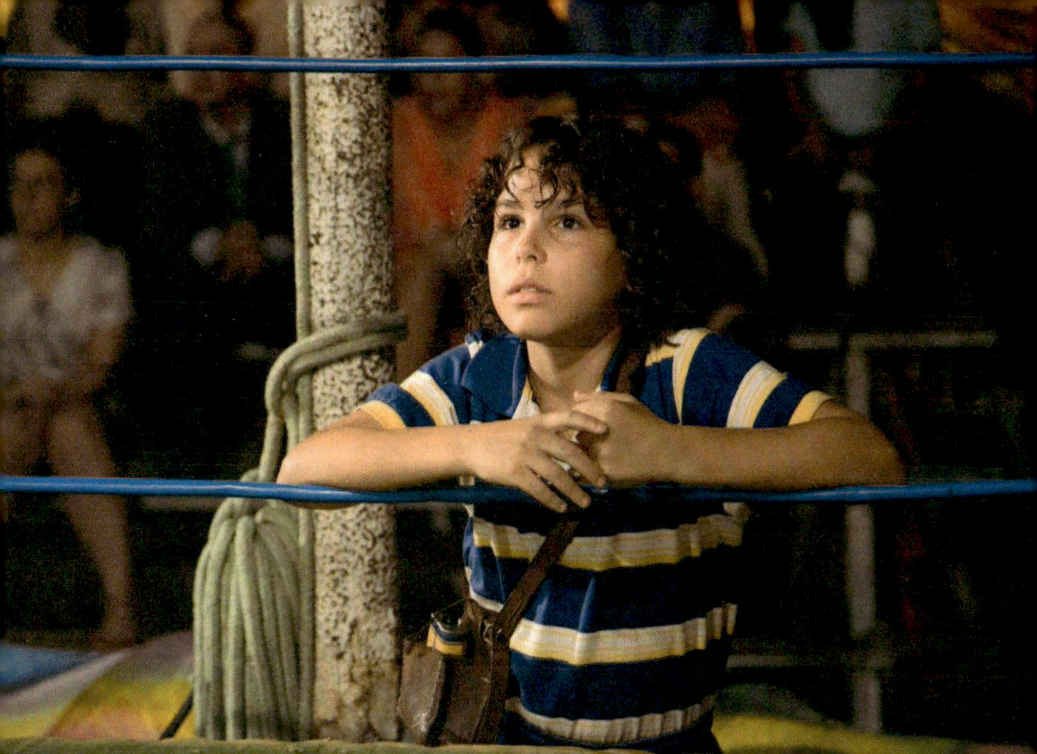

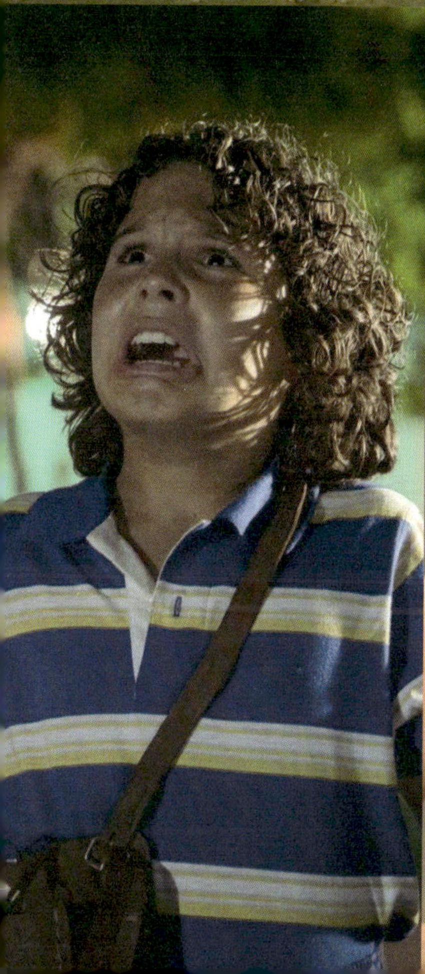

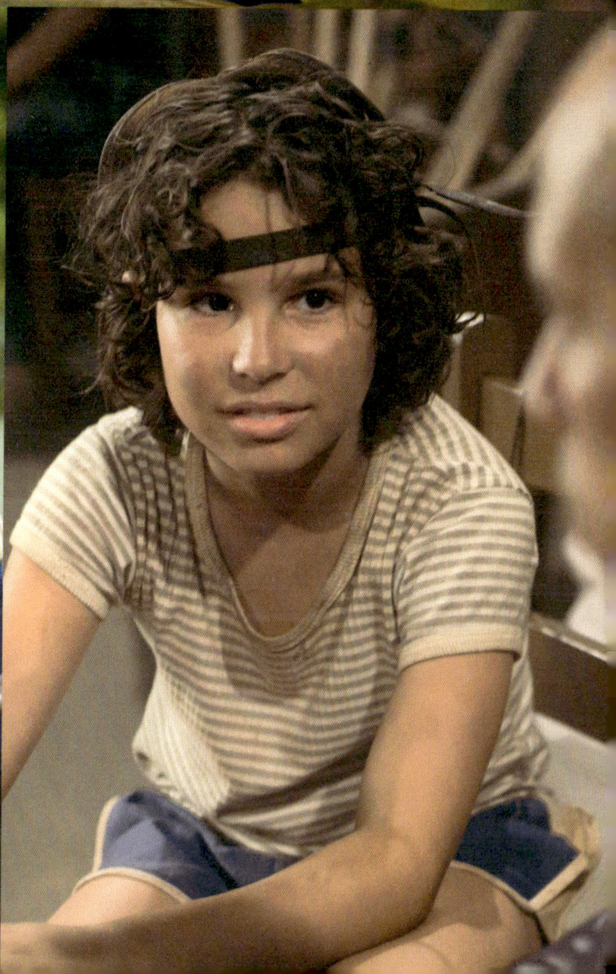

Halder Gomes, cineasta

Quando criei os personagens de "O Shaolin do Sertão", sabia que um dos papéis traria um desafio enorme pela frente, fosse pela complexidade de interpretação para um ator infantil, fosse pela dificuldade de encontrar alguém com o talento necessário para encarnar as tantas camadas que o tal Piolho exigiria. Dentre elas: desenvoltura, carisma, senso de humor, maturidade e o comprometimento de um adulto e, é claro, uma atuação naturalista em contraponto ao personagem principal, seu *sidekick* Aluisio Li, que vive com a cabeça no mundo do realismo fantástico.

Esse perfil não existia nos portfólios dos produtores de elenco de Cinema do Ceará, nem do Brasil, porque o personagem seria cearense da gema. É aqui que entra o olhar apurado e a importância da função do produtor de elenco no Cinema, a pessoa com a visão apurada para encontrar e propor soluções de *casting* ao diretor. O mérito, nesse caso, é de Monice Mendes, que, sabendo que o perfil que buscávamos não existia no mercado, partiu para o "garimpo" e decidiu fazer uma peneira englobando Fortaleza inteira. Eu sabia muito bem o que queria para o personagem e, mais importante, sabia o quanto poderia ser uma joia se aquilo desse certo ou um tremendo *flop* se não houvesse a liga que eu imaginava com o protagonista. E, então, em uma dessas coisas que só acontecem nos filmes, o primeiro teste a que assisti foi o do Igor. Congelei. "Achei o garoto!", pensei. Mas também disse a mim mesmo que não poderia ser tão fácil. Fui assistindo a todo o restante do material e, a cada teste, minha certeza aumentava: eu tinha encontrado meu Piolho. Só que escalar um elenco de Cinema é uma decisão difícil. Esse aspecto pode fazer um filme dar certo ou errado, e é para sempre!

Mas, se existe alguém que terá de se responsabilizar por isso e carregar esse acerto ou esse fardo, esse alguém é o diretor. Numa analogia com o futebol, o diretor é o jogador que coloca a bola na marca do pênalti diante do estádio lotado na final do campeonato. Essa "bola" é o ator. E lá estava Igor na marca do pênalti. Eu estava ciente do peso que um adulto experiente teria para carregar aquele personagem difícil, que dirá uma criança com seus recém-completados 11 anos. Quando selecionei o Igor, conversei com os pais dele e disse: "Pode acontecer muita coisa ou não dar em nada. Não criem expectativas." Hoje, o desempenho dele no filme está aí para todos verem, seu carisma e companheirismo em set ficarão gravados nos corações de todos — elenco e equipe — e sempre serão lembrados com muito carinho. E, como diz o ditado americano: "the rest is history", o resto é história...

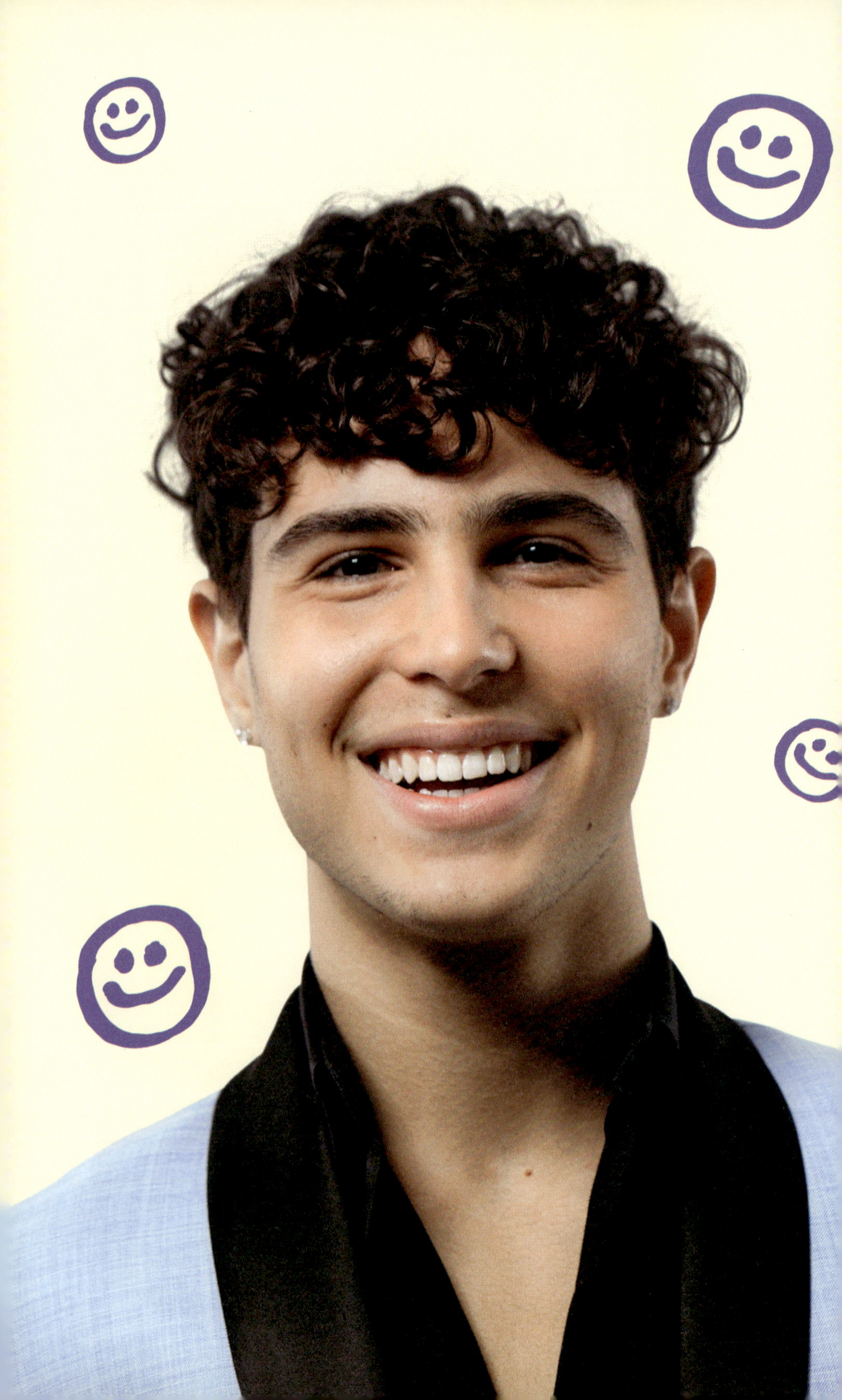

Edmilson Filho, ator, comediante e produtor

Estávamos à procura de uma criança extrovertida, desenrolada, como se diz no Ceará, e com cara de nordestina, com aquela pegada de sertão. Fizemos testes com muitas crianças e dois finalistas foram selecionados. Eu e o diretor Halder Gomes acabamos optando pelo Igor.

Embora Igor seja um garoto vitaminado, criado à base de Mucilon e farinha láctea, a gente sabia que conseguiria deixá-lo com cara de sertão. Uma das principais coisas que eu tinha em mente era: precisávamos desenvolver uma afinidade, precisávamos ficar amigos. Afinal, Piolho e Aluisio, meu personagem, tinham muitas cenas juntos. Esse processo levou um tempo.

A dedicação do Igor é sua principal ferramenta, além do talento nato para decorar cenas e memorizar o texto e, em cima disso, criar uma interpretação. A gente ensaiava cena por cena, o tempo que tinha para respirar e ele sempre pegava muito rápido. Criamos essa relação de amizade no set, mas somos amigos fora dele até hoje.

Nosso trabalho no Cinema também é revelar novos artistas, e o Igor é um deles. Hoje ele é conhecido em todo o Brasil e isso me deixa muito feliz! Igor é um ícone na faixa etária dele entre os artistas nacionais.

AS MELHORES FÉRIAS DA MINHA VIDA

"O Shaolin do Sertão" foi minha estreia no Cinema nacional.

O filme conta a história de Aluisio Li, um padeiro que é fã de filmes de artes marciais. Na verdade, mais do que fã: Aluisio é obcecado, a ponto de treinar seus movimentos de luta até com a massa do pão. Yááá! Morador de Quixadá, uma cidade bem pequena no interior do Ceará, o cara é considerado meio fora da casinha por todo mundo, meio doidinho até.

Seu único amigo é Piolho, um garoto muito ajuizado, com a cabeça de uma pessoa mais velha. Aluisio (o Shaolin do título), por outro lado, é um adulto com mentalidade de criança. Ou seja, os dois se complementam e, talvez por isso, tenham ficado tão próximos e se tornado grandes amigos. O FILME MUDOU MUITO MEUS PLANOS PARA O FUTURO.

Até então, gravar comerciais tinha sido uma grande brincadeira. Mas, quando começamos a rodar o filme, as coisas mudaram. Pela primeira vez, eu estava tendo a vivência do que é ser um ator de verdade, um ator de Cinema. O ambiente e a convivência com elenco e equipe me encantaram quando coloquei os pés ali.

As gravações começaram no início de dezembro de 2015. Eu e minha mãe arrumamos as malas e embarcamos para QUIXADÁ, uma cidadezinha do sertão do Ceará a duas horas e meia de Fortaleza.

Eu não conhecia a região, nem Quixadá, embora dois primos meus morassem lá. O centro da cidade tem umas lojinhas e uns parques, mas não tem shopping. O cinema fica dentro de um supermercado. Dentre as poucas opções de lazer, estão as piscinas dos poucos hotéis. Aham, as pessoas pagam para entrar nos hotéis só para usar a piscina.

MAS AS LOCAÇÕES DO FILME NÃO TINHAM NADA A VER COM PISCINAS. GRAVAMOS EM LUGARES ONDE SÓ TINHA AREIA, BARRO E MAIS AREIA.

O sertão do Ceará é mais ou menos assim: o período de chuvas vai de março a junho. SE NÃO CHOVER EM UM DESSES MESES, ESQUEÇA, PORQUE NÃO VAI MAIS CHOVER MESMO. Não cai uma gota! O visual é bem árido, seco, as montanhas têm árvores pequenas e secas, sem flores. E também é um lugar com muitas pedras. Maaaaacho, acho que nunca vi tanta pedra na minha vida. Rezam algumas lendas que existem ETs pela região. Mas lenda é lenda, né? Algumas pessoas dizem ter visto, mas sei não...

CÊS ACREDITAM EM ET?
SIM ( ) NÃO ( )

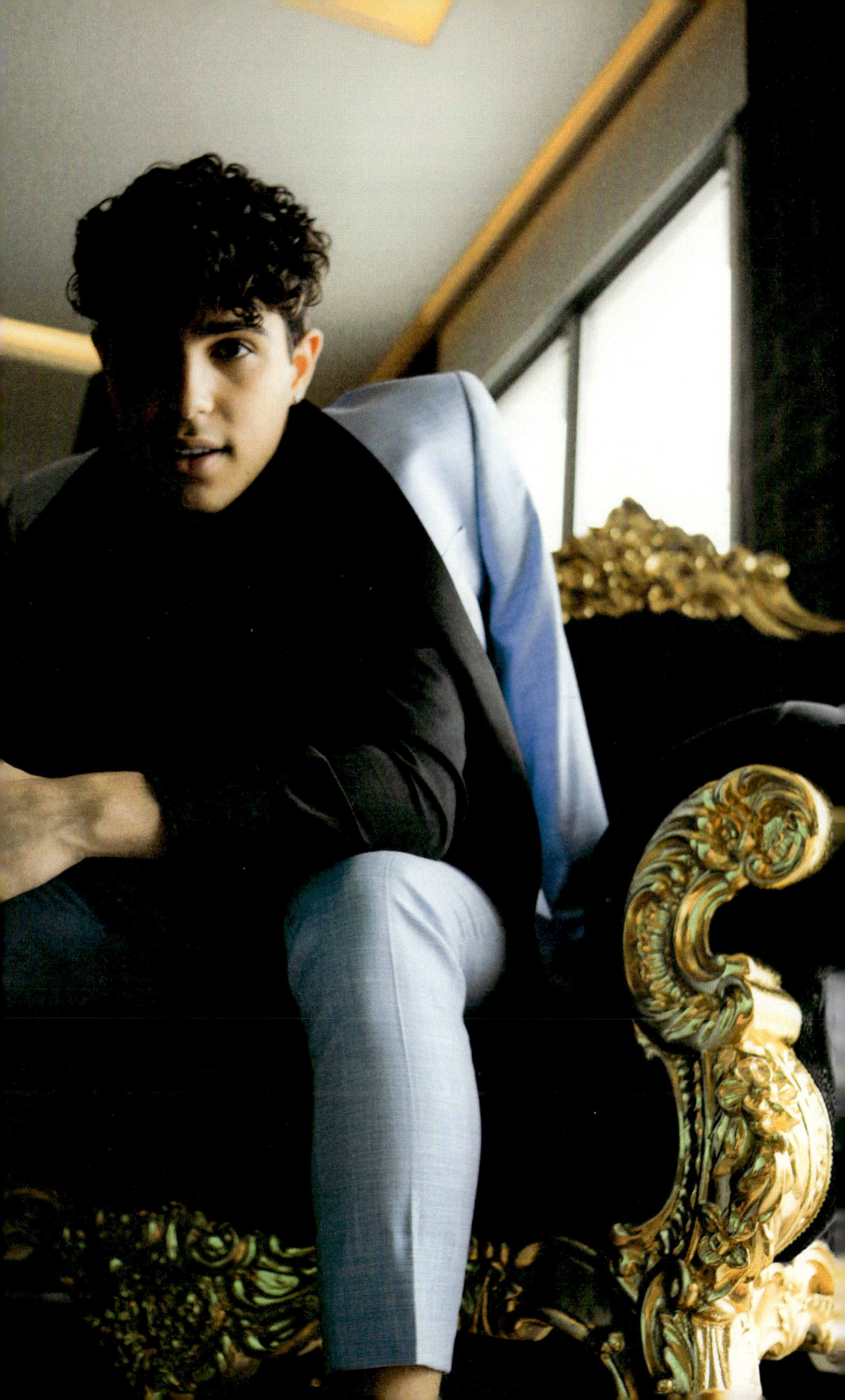

O período que antecede esses quatro meses de chuva é o mais seco e, nessa temporada, não se avista um verde sequer. A vista é toda de barro vermelho, pedras, areia amarela, árvores sem folhas e alguns cactos, que são parte da vegetação natural da caatinga. Ah, outro aspecto marcante é a dificuldade para respirar. A gente precisa puxar o ar com força para conseguir.

ESSE É O SERTÃO DO CEARÁ.

O NEGÓCIO É SECO, SECO, SECO!
Com um detalhe: o céu estava sempre azulão. Pense num azul radiante, lindo, com poucas nuvens... Era bem assim.

Os termômetros chegavam a marcar 43 graus durante as diárias de gravação.

A maior parte das cenas do filme eram externas. A gente gravava, por exemplo, numa estradinha, com carros e um caminhão que davam apoio à equipe. A produção também contratou um ônibus que virou o camarim dos atores, porque o ar-condicionado ficava ligado no máximo e podíamos passar um tempo ali entre uma cena e outra. Aliás, obrigado e parabéns para quem criou o ar-condicionado!

Porque, pra enfrentar um calor como aquele, tem de ser cabra macho, viu?

QUEM NÃO É DA REGIÃO NÃO É ACOSTUMADO A UMA TEMPERATURA TÃO ALTA COM UM TEMPO TÃO SECO.

Havia uma cena em que o Aluisio chegava de bicicleta enquanto o Piolho estava brincando em frente a uma casa. Só que era praticamente meio-dia e estávamos sob um sol de uns 45 graus. E o Edmilson, que estava com uma roupa bem pesada, levou a pior e começou a passar mal com tanto calor. Ele pediu um intervalo de 15 minutos pra se recuperar.

Nas semanas entre dezembro e janeiro, eu começava a gravar às 6h da manhã. Pensa que eu me levantava reclamando? Nada disso. Eu estava eufórico de estar ali! Eu já chegava pulando no café da manhã e seguia pulando pelos bastidores até a hora do almoço. Acho que a temperatura estimulava esse estado de euforia, mas algumas pessoas da equipe ficaram gripadas por causa do tempo. Culpa de passar muito calor na rua e entrar e sair do ar-condicionado nos hotéis e camarins. Eu não senti nada. Só vontade de pular.

A CONVIVÊNCIA COM O ELENCO FOI A MELHOR POSSÍVEL. Pense reunir em um mesmo filme nomes como Edmilson Filho, Falcão, Dedé Santana, Tirullipa, Karla Karenina, Frank Menezes, Bráulio Bessa, Dorgival Dantas e Marcos Veras? Era um "frescando" (zoando) o outro o tempo todo. E eu quase nem gosto de zoar e ser zoado, né? Resultado: eu estava amando.

A equipe de cenografia deu um espetáculo à parte. Montaram uma padaria cenográfica que virava bar, onde gravamos muitas vezes. Teve uma cena hilária com um personagem fanho e gago, interpretado pelo advogado e ator Haroldo Guimarães. A cena demorou mais de uma hora para ser gravada, porque ninguém se aguentava de tanto rir. Grava, volta, grava, volta. O personagem fanho está com fumo na boca. Nisso, Aluisio vem e fala para mim: "Ô, Piolho, não sabia que teu primo era fanho, não." "Que fanho o quê?" Era uma comédia! Demoramos MUITO para finalizar em meio às crises de riso, inclusive do próprio diretor.

Perto do lançamento de "O Shaolin do Sertão", um jornalista me perguntou se eu tinha gostado da experiência de fazer um filme.

Minha resposta:

FORAM AS MELHORES FÉRIAS DA MINHA VIDA!

RIR É O MELHOR REMÉDIO

Antes de começar este capítulo, quero fazer uma pergunta:

P: QUAL O CARRO QUE DIZ QUANDO VAI CHOVER? → R: O CELTA PRETO.

HAHAHAHAHAHA!

João Parente, meu avô paterno, é um ótimo contador de piadas.

Não tem uma vez em que eu vá na casa dele sem ouvir um montão delas, eu adoro! Sempre, absolutamente TODAS as vezes. Então, desde criança eu penso:

QUERO SER IGUAL MEU AVÔ. QUERO CONTAR PIADAS!

Quando pequeno, eu gostava de chegar nas pessoas e lançar uma das boas, só pra bancar o malandrão da turma. Só que eu estava mais pra malandrinho, né? Kkkk. CONTAR PIADAS É MUITO MASSA, EU TIRO ONDA!

Além das piadas do meu avô, uma das minhas inspirações é o Tirullipa.

Eu assistia aos vídeos dele no Facebook (o Instagram ainda não existia) e pensava:

PÔ, ASSIM COMO ESSA PLATEIA, TODO MUNDO VAI RIR DAS MINHAS PIADAS TAMBÉM.

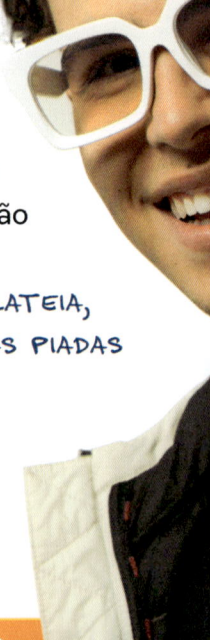

E eram piadas de adulto, umas com duplo sentido e tal, mas eu contava mesmo sem entender direito. Eu não sabia o que era, mas todo mundo ria. E, na mesma hora, eu pensava: SE TODO MUNDO RI, É PORQUE DEVE SER ENGRAÇADO.

Posso dizer que muito do que sou hoje, esse cabra engraçado, extrovertido e contador de piadas, foi inspirado no jeito do Tirullipa se portar diante das câmeras e fora delas também. Há alguns anos ele lançou o "Docim de Leite", a paródia da música "All the Single Ladies", da Beyoncé, lembram?

Pra quêêêê? Eu cantava essa música pra todo mundo, achava o máximo!

"Ó o docim de leite, ó o docim de leite..."

Das surpresas da vida, esbarrei com o cara que eu mais admirava em "O Shaolin do Sertão". Depois de Quixadá, fomos gravar algumas cenas em um circo em Fortaleza, e quem era o palhaço? O Tirullipa! Antes das gravações, o elenco se reunia em uma salinha, e o Tirullipa passava o tempo todo fazendo "mungango". Ou melhor, palhaçada. E, TENTANDO NÃO MORRER DE RIR, EU OBSERVAVA CADA PIADA. SOU MUITO FÃ DESSE CARA!

Tirullipa, comediante

Participar de "O Shaolin do Sertão" foi maravilhoso, e conhecer Igor Jansen me deixou perplexo. Perplexo, olha que palavra massa! Mas eu fiquei perplexo mesmo. O menino deu um banho já na leitura do texto. Eu estava lá, lendo, com certa dificuldade para pegar o clima do personagem, aí me chega aquela criança, dá uma olhadinha no texto e começa a falar como se já estivesse tudo dentro da mente.

O moleque tem um talento absurdo! Na mesma hora, eu pensei: "esse menino vai estourar", e não deu outra. Quando fomos para o set, no circo, Igor deu um banho em todos os atores. Ele improvisava em cima do texto com uma naturalidade tão grande... Eu via o Piolho em cena.

Me apaixonei por esse moleque. Ele é o destaque do filme, tanto que foi contratado pelo Silvio Santos. Silvio Santos tem nas mãos o talento que é a promessa de um futuro Tony Ramos, de um futuro Cauã Reymond. Coloco esse menino nas alturas mesmo, porque ele é bom demais. É talentoso, determinado, humilde, simples, bom caráter, tem personalidade e é profissional no que faz. Ele já é "o cara" da série de novelas "Poliana" e tem tudo para ser um dos maiores atores do Brasil. Sou fã desse moleque!

ESSA VEIA CÔMICA CORRE ENTRE OS CEARENSES.

Somos um povo conhecido pela qualidade do humor, tanto que nosso estado exporta e exportou diversos comediantes famosos, como Renato Aragão, Chico Anysio, Tom Cavalcante, Falcão, Tirullipa e Wellington Muniz, o Ceará. Acho que o estado é um celeiro de humoristas porque o nordestino é um povo naturalmente desenrolado. Seja qual for a dificuldade da situação, ele vai lá e desenrola. De um modo geral, o nordestino é um sujeito que tira onda do próprio problema. Não somos muito de nos lamentar, de fazer drama. Com a gente é bola pra frente!

Acho que esse jeito cearense de gostar de contar "causos" e piadas faz a gente levar uma vida mais leve, mesmo diante dos problemas. Eu acho que é algo que nasce com a gente, sabe?

Bem, imaginem, então, como era para um contador de piadas jovem e amador ficar ao lado de tantos humoristas!

Imagine Falcão, Edmilson Filho, Tirullipa e Haroldo Guimarães reunidos nos bastidores de uma gravação, fazendo graça e zoando com a cara do outro sem parar! Mermão, só dava coisa ruim. E eu, a criança ali no meio, ficava o tempo todo perguntando:

O QUE VOCÊ DISSE, TIO? NÃO ENTENDI... TIO, O QUE É ISSO?

Minha mãe vira e mexe dizia:

— Meu Deus, vocês estão estragando os 11 anos de educação que eu dei pra esse menino.

A resposta de todos:

— Ih, Andréa, pode esquecer. A educação já foi embora.

Gargalhada geral!

Depois dessa, minha mãe foi apelidada de Dona Lêndea, a mãe do Piolho, hahaha.

Como sigo achando que rir é sempre o melhor remédio, selecionei as minhas piadas preferidas para vocês!

MANUAL DE PIADAS DO IGOR

1. QUAL É O FIM DA PICADA?

2. POR QUE A IDOSA NÃO USA RELÓGIO?

3. QUAL É O CARRO QUE SAIU DO FORNO?

4. QUAL PARTE DO CARRO É IMPORTADA DO EGITO?

5. O QUE É FEITO PARA ANDAR, MAS NÃO ANDA?

6. O QUE É QUE ANDA COM OS PÉS NA CABEÇA?

7. O QUE O ZECA PAGODINHO FOI FAZER NA IGREJA?

8. QUAL É A MÃE MAIS BRAVA DE TODAS?

RESPOSTAS:
1. QUANDO O MOSQUITO VAI EMBORA.
2. PORQUE ELA É UMA SEM HORA.
3. O KIA SOUL.
4. OS FARÓIS.
5. A RUA.
6. O PIOLHO.
7. CANTAR PÁ GOD (DEUS).
8. A ELETRICIDADE! HEXE COM OS "FIO" DELA PROCÊ VÊ... (MENTIRA, A MÃE MAIS BRAVA DE TODAS É A MINHA, KKKKKKK!)

BOA SORTE

APÓS O FIM DAS GRAVAÇÕES DO FILME, VOLTEI PARA MINHA REALIDADE: FUTEBOL, ESCOLA, FUTEBOL, CASA, FUTEBOL, FUTEBOL RSRSRSRS.

Mas acho que, àquela altura, o mosquitinho da dramaturgia já tinha me picado. Durante aquele mês de filmagens no sertão cearense e as duas semanas em um circo em Fortaleza, eu e minha mãe escutamos muitos comentários da equipe e do elenco sobre meu desempenho:

"Esse menino vai fazer muito sucesso."

"Esse menino vai longe."

Ouvir frases assim de pessoas tão experientes na área me deixava todo bobo e muito feliz. Mas minha mãe vivia conversando comigo e me mandando a real:

— Igor, sei que você adorou fazer o filme, mas não crie tanta expectativa. Pode ter sido só esse filme e pronto, sabe? Nada garante que você vá seguir nessa carreira ou que vá conseguir outros trabalhos grandes.

NAS PRIMEIRAS VEZES EM QUE ELA ME DISSE ISSO, EU FIQUEI INDIGNADO, PORQUE TINHA OUVIDO MUITA GENTE DIZENDO QUE EU IA BRILHAR, FAZER SUCESSO, EXPLODIR NA CARREIRA.

E eu já me sentia assim! E aí, de volta ao quarto de hotel após as gravações, minha mãe me jogava meio que esse balde de água gelada. Hoje, vejo que esses conselhos foram essenciais, porque me ajudaram a manter os pés no chão. Meus pais sempre tiveram essa preocupação de me chamar para a realidade e impedir que eu me deslumbrasse. Hoje, posso estar em alta, mas a gente não sabe o dia de amanhã.

FAÇA SEU TRABALHO BEM-FEITO, ESTUDE, E AS OPORTUNIDADES CHEGARÃO.

A realidade sempre foi essa.

Pouco tempo depois do filme, surgiu uma oportunidade muito bacana. O Lailtinho Brega, humorista cearense que também participou de "O Shaolin do Sertão", me convidou para fazer seis esquetes humorísticas que seriam gravadas num teatro e, depois, veiculadas aos sábados na afiliada da Globo em Fortaleza. Ele precisava de uma criança extrovertida e me chamou. Topei na hora!

Era a minha primeira oportunidade de pisar em um palco como ator e deu um baita nervosismo. Aquele era meu primeiro contato com um público grande e... ao vivo. Não dava para errar o texto e pedir para voltar, como fazia em comerciais e filmes. No palco não tem essa história.

O Teatro é muito diferente do Cinema e das novelas, que são produtos de entretenimento feitos de forma mais dinâmica, diária, no caso das novelas. O processo no Teatro é mais lento e é preciso muitas semanas de ensaio para encarar o texto de fato. Na TV, os diretores, muitas vezes, privilegiam as expressões por meio do semblante. No Teatro, a expressão corporal é muito mais importante. É preciso gesticular mais e aumentar o volume da entonação, senão quem estiver nas últimas fileiras da plateia não escuta. Mesmo breve, esse primeiro projeto me deu a oportunidade de sentir a adrenalina que rola antes e durante uma apresentação.

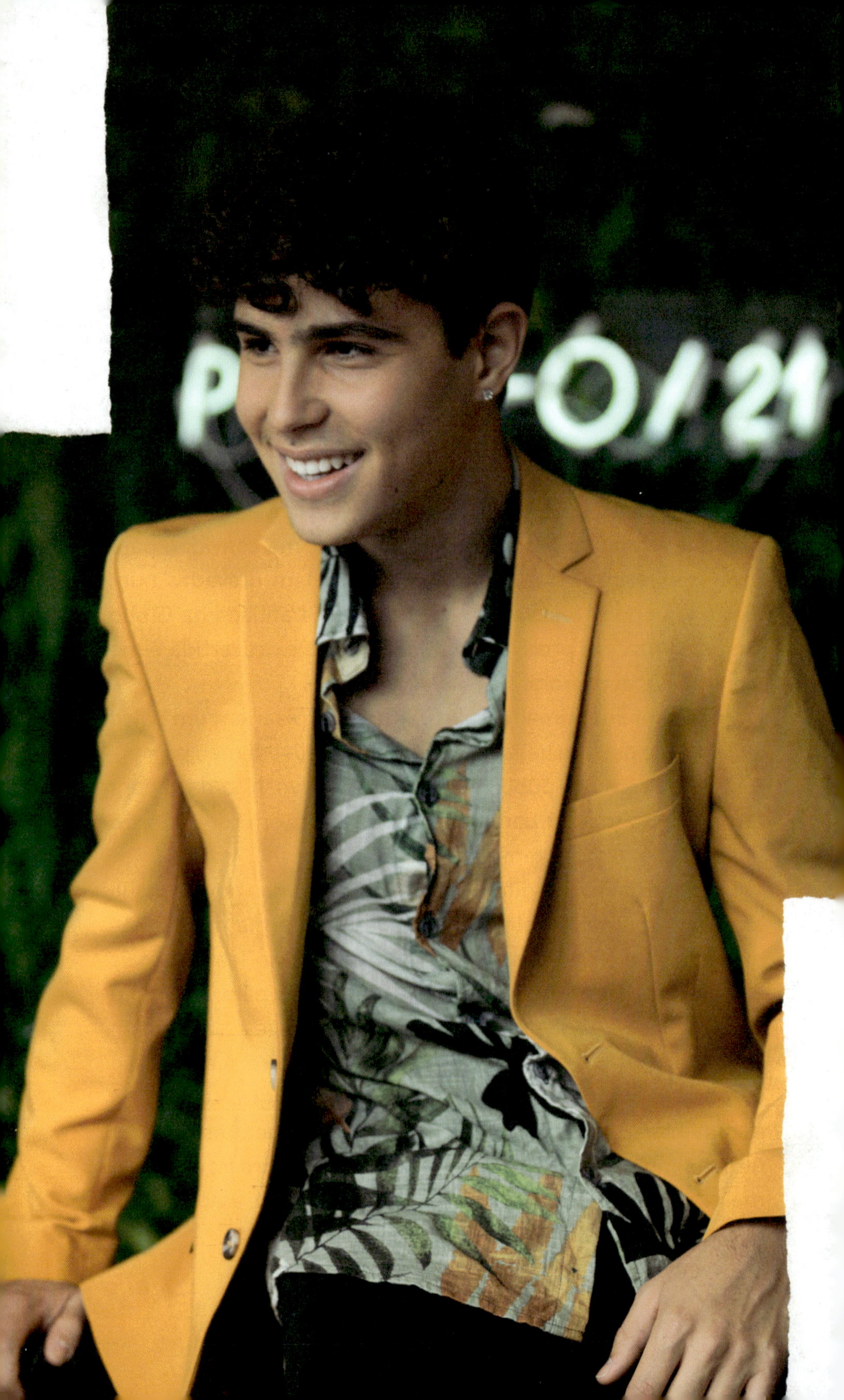

Mas uma coisa me intrigou muito no Teatro. Uma palavrinha que é muito usada pelos atores, nos bastidores, antes de entrarem em cena.

Antes de pisar no palco, é comum que os atores digam "merda" uns aos outros. Quando ouvi isso pela primeira vez, fiquei indignado. Pensei: "Oxe, mas que cabra mal-educado! Isso lá é coisa a se falar para um colega de cena, pra um profissional que vai estar no palco com você?" Achei aquilo estranhíssimo. Até que mandaram um "merda" para mim e eu retruquei na hora:

— Oxe!! Merda para você também, então! Tá *frescando* comigo? Quero merda, não!

O POVO CAIU NA GARGALHADA.

Em Fortaleza, usamos muito a expressão: "Fresque não, macho, que tô nervoso." Basicamente é: "Tá me tirando?"

Não pensem que sou o mal-educado.

DESEJAR "MERDA" NO TEATRO SIGNIFICA DESEJAR "BOA SORTE" PARA OS COLEGAS.

Os atores usam antes de começar a peça e entrar em cena. É como se fosse um: "Vai com tudo!"

SÃO PAULO, TERRA QUERIDA

Na escola, as aulas e provas estavam em ritmo frenético. ==O futebol também estava pesado, com treinos intensos aos sábados e domingos.==

O filme "O Shaolin do Sertão" estreou nos cinemas de todo o Brasil em outubro de 2016.

Eu achava que a vida tinha entrado nos eixos e voltado à normalidade que sempre vivi morando com meus pais em Fortaleza.

Até que, exatamente nove meses depois do fim das filmagens, mesmo período da gestação de uma criança, o celular do meu pai tocou e o código de área era 011, ou seja, uma ligação de São Paulo.

Quem seria?

— Alô? Quem fala? É o pai do Igor Jansen?

— Sim, sou eu.

— Eu sou produtor de elenco do SBT e temos um projeto de dramaturgia na emissora para o segundo semestre de 2017. Gostaríamos de saber se o Igor teria disponibilidade para participar.

Meus pais mantiveram sigilo em relação a esse primeiro contato, justamente porque era uma oportunidade de ouro e para que eu não criasse grandes expectativas. Depois de participar de comerciais locais na minha região, fazer um filme nacional, eu poderia concorrer a um papel em uma novela infantojuvenil no SBT.

Os dias se passaram e meu pai lembra que não houve avanços, aparentemente, nessa conversa. O ano acabou e, em janeiro de 2017, o diretor-geral de dramaturgia do SBT, Reynaldo Boury, viajou a Fortaleza para buscar locações da nova novela. Coincidentemente, ele e sua equipe buscaram lugares parecidos com os da filmagem de "O Shaolin do Sertão". (Será que foi coincidência mesmo? Rsrs.)

Dias depois, uma produtora da TV Jangadeiro, afiliada do SBT na região, ligou para os meus pais dizendo que o diretor da novela estava na cidade e que gostaria de me conhecer. O interessante é que a verdadeira história nem eu sei, e talvez nunca saberei: aparentemente, meu nome foi sugerido duas vezes; uma pela emissora local, outra pelo departamento de elenco do SBT. Dizem que, certa vez, a diretora de elenco das novelas infantis da emissora estava em casa, ligou em um canal de notícias e passou uma chamada do filme, justamente com uma cena do Piolho. Ela apontou para mim e falou: "É esse o ator que a Íris (Abravanel, autora da novela) está procurando." E pediu para um produtor me ligar.

E, ASSIM, FINALMENTE, ACONTECEU MEU ENCONTRO COM O BOURY, EM FORTALEZA.

Confesso que eu estava nervoso. Ele é um diretor de TV importante e experiente, com dezenas de novelas no currículo. Ao encontrá-lo — ele, muito sério —, me olhou, me olhou mais um pouco e perguntou aos meus pais:

— Qual dos dois pode acompanhar o Igor em São Paulo?

— Acompanhar como? — perguntou minha mãe.

— Ficar lá com ele durante as gravações.

— A princípio, eu — disse ela.

Deu alguns segundos e ela, que trabalhava em um salão de beleza, continuou:

— Mas a família não pode se separar.

— Não se preocupe com isso no primeiro momento. Mas, em todo caso, vocês estariam dispostos a se mudar para São Paulo?

Meu pai arregalou os olhos. Eu também.

— Porque se vocês aceitarem e o Igor for escalado para a novela, ele vai gravar de segunda a sábado. Ou seja, vão precisar morar lá.

MAAAACHO, MEU CORAÇÃO FOI A MIL E MEUS OLHOS FICARAM ARREGALADOS POR UM TEMPO.

A ficha não tinha caído. A gente não sabia se aquelas palavras tinham mesmo sido um convite, nem para qual novela. Dias depois desse encontro, o Carnaval tomou conta das ruas da cidade.

Passada a folia, Boury voltou a Fortaleza para iniciar testes com atores, principalmente aqueles que viveriam os pais do João. Passei a tarde na TV Jangadeiro assistindo às audições. Ao fim do dia, Boury pediu que nos encontrássemos com ele no dia seguinte, em um hotel, à beira-mar de Fortaleza, às 10h. Não disse o que era.

PARA QUÊ?

Meu coração disparou de novo. Olhos arregalados, boca seca, mas vambora!

Chegamos no horário combinado e nos levaram para uma sala reservada do hotel. Estavam ele e um responsável pelo departamento financeiro do SBT, que foi logo dizendo:

— Vamos falar sobre o contrato?

Oiiiiiiiiiiiii?

Boury emendou:

— VOCÊ ESTÁ PREPARADO PRA SER O JOÃO DA NOVELA "AS AVENTURAS DE POLIANA"??

Foi assim, sem muitos rodeios, que a minha vida se transformaria completamente. Troquei de cidade, mudei a rotina e conheci uma legião de novos amigos: vocês, meu povo bonito!

SER ATOR OU SER JOGADOR?

Ser convidado para viver o João e estrelar uma novela do SBT foi motivo de muita comemoração lá em casa. Eu nem acreditava no que estava vivendo!

Mas, como escrevi no início do livro, meu sonho era ser jogador de futebol. Era o que fazia meu coração pulsar mais forte desde que eu me entendo por gente.

Todo sábado e domingo eu acordava às 6h da manhã para ir à escolinha de futebol do Ceará, meu time do coração. Meu objetivo era começar muito em breve uma carreira nos gramados, ir para São Paulo ou até um país da Europa para me profissionalizar e ser descoberto por algum clube importante.

Mas a vida está sempre pronta para nos surpreender!

Na mesma semana que o SBT me chamou para estrelar "As Aventuras de Poliana", o professor da escolinha nos ofereceu uma oportunidade que também fez meu olhos brilharem: ingressar no time sub-13 do Centro de Treinamento do time.

E AGORA, O QUE EU FAÇO?

PASSEI UMA SEMANA COMPLETAMENTE MALUCO COM ESSAS DUAS PERGUNTAS.

Eu tinha 13 anos e duas oportunidades excelentes na mão.

Meus pais me deram toda a liberdade para decidir. Eles também acreditavam que eu poderia ser um grande astro do futebol.

Inicialmente, pensei: bem, eu faço a novela e, nas horas vagas, eu continuo jogando bola. Mas não era tão simples assim. A ficha começou a cair quando me dei conta de que as gravações da novela tomariam seis dias da minha semana e que isso seria em São Paulo, para onde eu teria que me mudar com a minha família.

PAI, VAMOS FAZER ASSIM: A NOVELA DEVE DURAR UM ANO E MEIO, POR AÍ. EU VOU ESTAR COM DEZESSEIS ANOS QUANDO ISSO ACONTECER. ENTÃO, QUANDO TERMINAR, EU VOLTO A ME DEDICAR AO FUTEBOL.

E foi com essa mentalidade que cheguei a São Paulo: fazer a novela e seguir com a carreira de jogador logo depois.

Meu povo bonito, vocês já devem saber que essa ideia mudou radicalmente, né?

HOJE, MINHA META É SER UM ==GRANDE ARTISTA==, OU SEJA, UM GRANDE ATOR, CANTOR, APRESENTADOR, YOUTUBER ==E TUDO MAIS QUE A ARTE PUDER ME PROPORCIONAR.==

A reviravolta de jogador para ator foi um susto pra todo mundo, porque é uma baita mudança de mentalidade. Se vocês me perguntarem como eu me vejo daqui a 20 anos, eu posso responder, sem dor no coração, que esse futuro não tem a ver com o futebol. É curioso como nós mudamos com o tempo, né? E mudar faz parte do nosso desenvolvimento. Achamos uma coisa por um período, mas nós não somos coisas fixas, muito pelo contrário: o ser humano está em constante transformação!

É claro que eu ainda amo jogar futebol, a gente não deixa de amar as coisas assim, do nada. Eu só não sonho mais em ser um jogador.

HOJE EU SOU FELIZ PORQUE AMO O QUE FAÇO: VIVER PERSONAGENS!

Meu objetivo de vida é seguir com a profissão de ator, e essa decisão de me dedicar única e exclusivamente a essa profissão se deve muito a uma pessoa: o João, de "As Aventuras de Poliana".

VOCÊS NÃO SABEM O QUANTO EU GOSTO DELE E O PRAZER QUE DÁ PODER TRAZÊ-LO AO MUNDO!

Em março de 2020, o mundo parou por conta da pandemia de covid-19. Todos fomos obrigados a ficar em casa e tudo que rolou foi muito estranho e difícil. Para mim, que estava em um ritmo de vida frenético, a sensação foi como a de estar em um trem a 300 quilômetros por hora (tínhamos começado a gravar a segunda fase da novela) que freou de repente, sem avisar. Foi um tremendo baque.

Nesses meses sem gravação, senti muita saudade do João.

Quando chego no SBT e vou para o camarim, eu entro numa espécie de transformação.

Quem entra é o Igor, com as próprias roupas, sonhos, problemas... E quem sai é o João, vestido com a própria calça e a própria camiseta.

MAS GOSTAR DO JOÃO É FÁCIL, NÃO É?

FOTOS: LOURIVAL RIBEIRO

O João é um menino muito, muito determinado. Quando ele coloca uma coisa na cabeça, minha nossa... não há quem faça o cara mudar de ideia! Ele entra em modo foco total, até conseguir.

O JOÃO TAMBÉM É UM MENINO CORAJOSO E MUITO CURIOSO EM RELAÇÃO À VIDA; ELE VIVE CHEIO DE QUESTIONAMENTOS. Para quem não lembra dos primeiros capítulos de "As Aventuras de Poliana", ele sai de mala e cuia do sertão do Ceará, onde levava uma vida muito difícil, e vai tentar a vida em São Paulo. Como? Simples, ele entra clandestinamente no bagageiro de um ônibus e vai embora, levando na mala o sonho de viver de música na maior cidade do Brasil.

COMO ACONTECE COM MUITAS FAMÍLIAS REAIS NO SERTÃO NORDESTINO, O PAI DO JOÃO NUNCA FOI UM GRANDE APOIADOR DA IDEIA DE TER UM FILHO MÚSICO. Vivendo em condições economicamente muito difíceis, as pessoas nessa região estão acostumadas a trabalhar desde muito cedo e, com 10, 11 anos, já estão na roça, de enxada na mão. Muitos meninos e meninas sequer chegam a frequentar a escola. Escrevo isso porque já ouvi e li comentários sobre a novela do tipo: "Ah, mas isso é coisa de novela", "Isso é tudo ficção". Mas não. O que aconteceu com o João acontece de fato com muitas pessoas. Esse é um dos aspectos mais incríveis das novelas, elas são uma forma de retratar verdadeiramente a realidade de muitos brasileiros.

O SERTÃO NORDESTINO É UMA REGIÃO MUITO POBRE, E BUSCAR UMA VIDA DIFERENTE NÃO É MUITO USUAL. Muitos acham que o Tião, pai do João, é um vilão. Eu andava na rua, no começo, e ouvia frases do tipo: "Não deixa o Tião fazer isso com você" ou "O Tião é mau".

MAS NÃO, O TIÃO NÃO É VILÃO.

Ele é um chefe de família rígido, trabalhador, acha que a única maneira de sobreviver no sertão é com a enxada na mão. Ou seja, o sonho do filho de cantar e viver da música parece uma loucura para o Tião, um sonho impossível. Isso causa tanta revolta nele que há até uma cena em que ele joga o violão do João no chão, lembram? Esse pai é parte de uma geração econômica e culturalmente limitada, sua ambição é basicamente conseguir colocar comida na mesa. Sendo assim, ele acha que os filhos não precisam ir para a escola e que estudar não ajuda ninguém. Para algumas pessoas, essas características fazem do Tião um vilão. Já Josefa, a mãe de João, é o oposto: é uma mãe zelosa, amorosa, mais delicada e muito próxima do filho. É ela quem incentiva João a seguir seu sonho, mesmo que, para isso, precisem se afastar. Viver um drama que reflete a vida real de muitas famílias no Brasil foi muito bom e, ao mesmo tempo, curioso. Por exemplo, é muito interessante a variedade de resposta que tenho do público sobre a história do João. Um membro de um dos meus fã-clubes me mandou uma mensagem que eu lembro até hoje: ele dizia que era do sertão do Ceará, que estava desempregado e muito desanimado e infeliz com a vida de um modo geral. Mas, quando viu a história do João na novela pela primeira vez, imediatamente ele se identificou muito, a ponto de também querer buscar uma nova vida em uma cidade grande.

ESSE TIPO DE MENSAGEM MOSTRA A FORÇA DO TRABALHO DO ATOR. É muito gratificante saber que a trajetória do João ajudou gente que vivia dilemas parecidos com os dele. Na verdade, a história desse personagem retrata, de certa forma, a saga comum do nordestino. Muitos escutam, desde cedo, dos pais: "Quando crescer, vá ganhar a vida em São Paulo, onde as coisas acontecem." É o destino que alguns pais desejam para seus filhos. **EU JÁ CONTEI UM POUQUINHO DO CEARÁ NAS PÁGINAS ANTERIORES, NÉ?**

Eu amo o meu estado e espero que todos os meus leitores possam ter a oportunidade de conhecer esse lugar tão lindo.

O CEARÁ, ASSIM COMO O RESTANTE DO NORDESTE, TEM PRAIAS LINDÍSSIMAS. Aliás, é difícil não vincular o Nordeste a uma praia. Jericoacoara, por exemplo, é um dos lugares mais belos do Brasil. Recebe tantos turistas anualmente que precisaram construir um aeroporto para atender a demanda de pessoas vindas de diversas regiões. Estivemos em JERICOACOARA quando eu era bem novinho. Meus pais lembram que, na época, havia bem poucas pousadas e não existia energia elétrica.

Escuto muitos paulistas falando que seu sonho é passar as férias numa praia do Nordeste. Eu concordo! A praia é do que mais sinto falta desde que deixei minha terrinha. Era o programa favorito da nossa família todo final de semana.

ENTRE PRAIA E PISCINA, O QUE VOCÊS PREFEREM?

EU VOTO PRAIA, PRAIA, PRAIA! SEM DÚVIDA.

Eu e minha família amamos tanto que, sempre que rola um feriado em São Paulo, pesquisamos lugares para ir ao litoral. No tempo em que as gravações da novela ficaram pausadas por conta da pandemia, voltamos para o Ceará pra passar uma temporada. Como era tudo muito incerto, um período que deveria ter sido curto acabou se transformando em sete meses de estadia.

Mas não pensem vocês que fiquei sete meses de férias, viu? Durante todo esse tempo eu passei realizando cursos, fazendo muitas gravações pros meus canais nas redes sociais e também praticando um pouco mais o surfe, um esporte que sempre curti muito e que pode ser praticado à vontade no Ceará com o tanto de praia linda que o meu estado tem!

FAÇO QUESTÃO DE ESCREVER UM POUQUINHO SOBRE MEU ESTADO, PORQUE PERCEBO, DE VEZ EM QUANDO, ALGUMAS CONFUSÕES E ATÉ DESCONHECIMENTO SOBRE O CEARÁ.

Quando mudei para São Paulo, muitos achavam que eu vinha do interiorzão do Brasil. Achavam, na verdade, que eu vinha de Quixadá! Uma das primeiras perguntas que tive de ouvir em sala de aula:

"Lá no Ceará vocês têm acesso à internet?"

Maaaaaacho, mas que pergunta é essa?

É lóóóóóóógico que temos acesso à internet.

Ou vocês acham que a gente vive isolado do mundo, meu Deus?

Muitos pensam, ainda, que a maior parte dos nordestinos é muito pobre, que vivem em casinhas de barro no meio do sertão. Quem for para muitos lugares do Ceará, principalmente Fortaleza e outras cidades maiores, como Caucaia e Maracanaú, verá que não é assim.

O NORDESTINO TAMBÉM É MUITO ACOLHEDOR. Em São Paulo, as pessoas são bem mais reservadas. É muito comum moradores de prédios residenciais sequer saberem quem são seus vizinhos de andar. Em Fortaleza, por exemplo, quando mudamos de condomínio, a vizinha trouxe um prato de doces para nos receber. É muito comum esta camaradagem, de um vizinho estar cozinhando e telefonar para o outro perguntando se pode emprestar um pouco de açúcar ou manteiga.

O NORDESTE É BOM DEMAIS!

MINHA AGENDA

De segunda a sexta-feira
Meu dia a dia é bastante corrido, agitado e com muitos compromissos. Mas pensam que eu chego em casa à noite cansado? Que nada! Chego mais elétrico do que saio. Para mim, o dia poderia ter mais de 30 horas. Teve meses em que todos os finais de semana estive fora, trabalhando. Então, tenho de ter uma determinação para seguir e realizar todas as tarefas. Eu agradeço diariamente a Deus por ter tantas atividades para fazer todos os dias. Gosto de fazer e trabalhar!

A minha rotina varia de acordo com o dia, alguns têm mais compromissos e outros, menos. Quarta-feira talvez seja meu dia mais cheio, e a minha rotina é:

6h30: Pulo cedo da cama, tomo um café da manhã de tapioca com dois ovos e queijo coalho e, é claro, um cafezinho puro para despertar.

8h: Como a escola acabou, meu primeiro compromisso do dia é ir para o treino funcional, que dura uma hora.

10h: Sessão com a fonoaudióloga três vezes por semana.

11h: Cada vez mais recebo convites para produções internacionais, e, por isso, sei o quanto é importante saber falar inglês; faço aula de conversação todos os dias, até 12h.

12h: Hora do almoço.

13h10: Um carro do SBT me busca com a minha mãe ou meu pai e me leva até os estúdios da emissora, em Osasco, na grande São Paulo. Quando chego, vou para o camarim, onde me transformo no João. É sempre uma alegria vestir as roupas dele!

14h: É o horário que começam as gravações de "Poliana Moça", de segunda a sexta. Gravamos também aos sábados, mas, nesse dia, as filmagens rolam de manhã.

19h: Fim das gravações.

20h: Desde janeiro de 2022, ensaio para o musical "Treze".

22h: Hora de voltar para casa e jantar.

00h: Tento ir me deitar mais ou menos nesse horário para conseguir dormir relativamente cedo e descansar. É muito importante dormir bem para ter a energia necessária para os compromissos diários e manter sempre o bom humor.

QUESTIONÁRIO DO IGOR

TEM ANIMAL DE ESTIMAÇÃO?

Eu sou simplesmente APAIXONADO por bichos. E tenho uma cachorrinha, meu xodó, que é a Melinda Jansen.

QUAL É O SEU SIGNO?

Meu aniversário é dia 15 de abril, sou de Áries, o mesmo signo do meu pai. Dizem que os arianos se dão muito bem. Mas confesso que não sou tão ligado em signos.

COLECIONA ALGO?

Não, mas já tive coleção de Hot Wheels. E quero ter uma coleção de óculos e bonés.

COR PREFERIDA?

Verde-limão.

Eu gosto muito de cores chamativas, extravagantes. Por exemplo, um laranja bem forte, estilo marca-texto. Costumo também usar tênis chamativo, bem colorido. Acho que puxei a minha mãe, porque a bichinha adora cores vivas. Acho que, se pudesse, ela mandaria instalar um LED nela mesma, kkkk. Ela acha que cores transmitem alegria, boas energias.

APP PREFERIDO?

Instagram.

WhatsApp só de vez em quando. Quando gravo, só tenho tempo para o celular quando saio, à noite, do SBT. Me colocam em muitos grupos e não consigo acompanhar. Por isso, tenho alguns amigos a que demoro responder. Desculpem, amigos...

COMIDA PREFERIDA?

Depende.

Teve uma fase que era lasanha. Hoje, voto em risoto de camarão. É um prato que eu sempre tenho que comer quando volto para Fortaleza.

Também gosto muito de filé à parmegiana e PIZZA!

SOBREMESA PREFERIDA?

Adoro cocada e a torta de limão da minha mãe.

ESTILO DE MÚSICA?

Sou eclético. De sertanejo a funk, de forró a samba. Cada hora estou ouvindo uma coisa.

ARTISTA QUE MAIS ADMIRA?

Admiro demais o trabalho do Celso Portiolli, pela maneira com que conduz e apresenta seu programa na TV. Admiro também a Larissa Manoela, não só pelo trabalho como atriz, mas por ser tão atenciosa com os milhares de fãs (estive com ela em Gramado e vi que foi muito gentil com todos).

Como história de vida, o Tirullipa, o Whindersson Nunes, o Tom Cavalcante e o Silvio Santos. Todos eles têm em comum o fato de terem trilhado o caminho degrau por degrau. Todos chegaram aonde estão com muito esforço.

QUAL É SEU MAIOR SONHO?

É ser conhecido mundialmente como ator e poder mudar a vida de muitas pessoas. Mesmo com pouca idade, acho que já consegui influenciar e mudar a vida de muitos, e isso me dá uma alegria absurda! Acho que meu propósito na Terra é ajudar o próximo. Quando vejo um amigo passando por uma dificuldade, eu vou lá e ajudo.

Posso ajudar o outro de várias maneiras. Vou dar um exemplo: o filho do ator americano Will Smith implantou um sistema que leva água potável a lugares com estrutura precária. A gente poderia fazer algo semelhante no nosso Nordeste, que sofre tanto com a seca. Quero realmente ajudar, mas sempre de um modo discreto, para evitar comentários do tipo: "Ah, ele tá fazendo pra se promover!"

Eu fico sensibilizado quando vejo casos e matérias com a situação de pessoas carentes.

COMO VOCÊ SE VÊ DAQUI A 10 OU 20 ANOS?

Atuando, porque é minha maior paixão.

Mas isso é o que eu enxergo hoje, em 2022. Porque, mermão, minha vida já teve tantas reviravoltas que, em 10 anos, eu posso muito bem ser astronauta da Nasa, vai saber!

O QUE TE DEFINE?

Resiliência.

Não deu certo, mermão? Levanta a cabeça e parte para outra.

Outra palavra que me define é resignação. É aceitar o que tem para hoje.

PROGRAMA DE TV PREFERIDO?

A novela "Poliana Moça" e jogos de basquete e futebol, como os campeonatos brasileiro e europeu. Como apaixonado por futebol, a transmissão da Copa do Mundo faz minha vida parar.

Também gosto de "Ame-a ou Deixe-a", do Discovery Channel, e outros programas de arquitetura que envolvem reformas de casas.

SE PUDESSE ENTREVISTAR UMA PESSOA, QUEM SERIA?

The Rock, por seu carisma absurdo, e a Millie Bobby Brown.

SE PUDESSE VIVER A VIDA DE OUTRA PESSOA DURANTE 24 HORAS, QUEM SERIA?

Eu viveria a vida de um sujeito do sertão do Ceará, numa situação de miséria, de necessidade. Ou até mesmo a de um morador de rua.

Quando você faz essa pergunta, a gente tende a pensar: "Ah, quero ser o Messi durante 24 horas." Ser um milionário e ter muito dinheiro. Mas, se Deus quiser, eu nunca na vida vou experimentar o que são a miséria e a fome. Mas penso que é muito importante que todos saiam de suas bolhas e abram os olhos para a desigualdade social em nosso país e no mundo. Hoje, estou na minha casa, escrevendo esse livro, com uma geladeira cheia. Mas essa não é a realidade de milhões e milhões de crianças e adolescentes no planeta.

ATOR PREFERIDO?

O inglês Benedict Cumberbatch.

ATRIZ PREFERIDA?
Juliana Paes.

ENTRE AS FAMOSAS, QUEM CONSIDERA A MAIS GATA?
A cantora Iza.

LUGAR PREFERIDO DA CASA?
Mesa de jantar, porque é o momento em que minha família se reúne e está 100% junta. Eu amo muito meus pais. Até hoje, de vez em quando, eu me enfio na cama no meio deles, como eu fazia quando era pequeno.

VIAGEM INESQUECÍVEL?
Portugal. Passei meu aniversário de 15 anos lá. Meus pais me deram esse presente de surpresa, porque eu não queria festa naquela época. (Mas no ==meu aniversário de 18 anos==, rapaz... eu fiz um festão!)

FOTOS: RAFAEL GARBUIO

VIAGEM QUE GOSTARIA DE FAZER?

Tenho muita vontade de ir à Grécia e Finlândia, onde foi gravado o filme "Caçada ao Presidente", com Samuel L. Jackson. Ninguém me segura na Finlândia! Pretendo ir, ainda, ao Canadá e acho que também à França, porque me apeguei demais ao filme "Ratatouille". Se Paris for mesmo daquele jeito, ninguém me segura.

UM FILME?

"Ratatouille", porque ele traz a ideia de respeito e aceitação. É um filme muito lindo!

UM LIVRO?

"O Diário de Anne Frank".

POR QUAIS RAZÕES SEUS PAIS COSTUMAM PEGAR NO SEU PÉ?

Viiiiiiiiixxxeeeeeee...
Por mexer demais no celular.

LÁ QUE SE APRENDE A VIVER

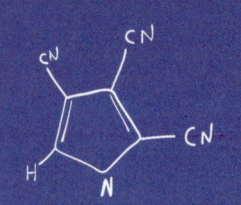

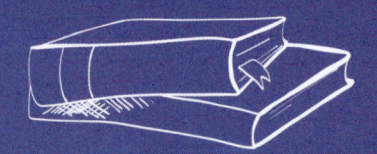

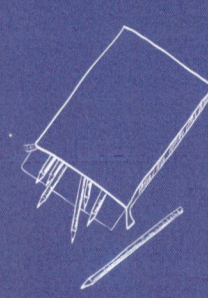

$a^2+b^2=c^2$

SEMPRE FUI O MOLECÃO NA ESCOLA.

Eu falava com todo mundo. Todo mundo meeeesmo! Chegava e conversava com o inspetor, a recepcionista, a bibliotecária, os professores e, claro, meus amigos de sala. Eu conhecia todo mundo e ia espalhando sorrisos e batendo papo por todo canto. Prazer, esse sou eu, Igor Jansen, e faço isso em todos os lugares por onde vou.

Em sala de aula, eu sempre me destaquei por ser aquele que brincava, fazia piada e tudo mais. Quando era mais novo, era quase o tempo todo brincadeira, para falar a verdade. Mas, nos últimos anos, no Ensino Médio, me tornei mais focado. Acho que tem a ver com amadurecimento pessoal e também por causa da profissão, né? Então, eu estava sempre brincando, mas, na hora que o professor falava sério e ia passar a matéria, eu ficava quieto e me concentrava. A ideia era otimizar ao máximo meu tempo, porque, com uma agenda supercheia durante o dia, tempo sempre foi uma coisa muito importante na minha vida.

E essa medida era estratégica:

==QUANTO MAIS EU ME CONCENTRAVA DURANTE AS AULAS, MENOS EU PRECISAVA ESTUDAR EM CASA.==

Quanto mais a gente presta atenção no que o professor fala, maiores são as chances de melhorar nosso desempenho nas provas, sabia? A memória da gente é uma coisa incrível! Treinando esse tipo de estratégia, eu precisava estudar menos em casa e só abria os livros para dar uma estudadinha básica, sem precisar passar horas e horas devorando a matéria toda.

Nunca fui um aluno impossível, daqueles que não param um segundo e não prestam atenção. Até porque, se fosse, o pau ia comer lá em casa. Não é, mãezinha? Então, sempre me dediquei na escola, prestei atenção, copiei direitinho o que estava no quadro e tirei minhas dúvidas.

Mas, durante o intervalo da troca de professores... só Deus sabe o que acontecia...

A sala virava uma terra de ninguém! Até de pique-pega a gente brincava! HAHAHA!

> AGORA, ME DIGA AÍ, QUAL É SUA MATÉRIA PREFERIDA NA ESCOLA?

EU ERA bom em exatas, mas a matéria de que eu mais gostava era...
EDUCAÇÃO FÍSICA.

> E VOCÊS, DE QUAL MATÉRIA MENOS GOSTAM?

Eu preciso responder também?
Bom, a matéria de que eu menos gostava era:
Todas, menos Educação Física.
HAHAHAHA!
Mentira, mentira. Brincadeirinha, tá?
Vamos falar sério, então: nos últimos anos, no Ensino Médio, tive um pouco mais de dificuldade com Física. Se bem que, no meu caso, essas coisas variavam muito de professor para profes-

sor, né? Se o professor não explicava bem, eu costumava ir meio mal. Todos os professores que eu achava o máximo e que explicavam muito, muito bem, me faziam garantir notas bem boas, tipo 8, 9 e 10, porque eu ficava realmente atento à aula.

Mas vou ser mais específico: Matemática não é necessariamente a que eu mais gostava ou me identificava. Só que eu sempre me dei bem em Matemática, tanto que a minha ideia era fazer faculdade de Astrofísica.

ASTROFÍSICA, IGOR? POIS É.

No 8º ano, eu queria ser astrofísico.

Sempre fui fascinado pelo Universo. Esse negócio de anos-luz, como o ser humano vai chegar na velocidade da luz, é inacreditável.

Meu irmão, se você quisesse ter uma criança vidrada num tema, era só me dar uma reportagem ou livro que falasse sobre o Universo, as estrelas, o Sistema Solar. Sou fascinado por tudo isso. Eu ficava quietinho só escutando e viajando no tema.

SELECIONEI TRÊS CURIOSIDADES LEGAIS PARA VOCÊS SOBRE O ASSUNTO.

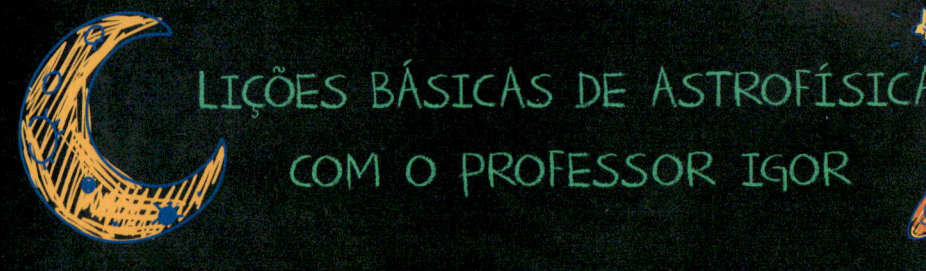

LIÇÕES BÁSICAS DE ASTROFÍSICA COM O PROFESSOR IGOR

VOCÊ SABIA QUE O SISTEMA SOLAR TEM CERCA DE 4,6 BILHÕES DE ANOS, DE ACORDO COM OS DADOS MAIS RECENTES DA ASTRONOMIA?

É tanta coisa, que a gente nem faz ideia do que é esse número. É só fazer a comparação de idades:

EU, IGOR JANSEN: 18 ANOS
SISTEMA SOLAR: 4 600 000 000 DE ANOS

VOCÊ SABE OS NÚMEROS EXATOS QUE COMPÕEM O SISTEMA SOLAR?

São 8 planetas, 5 planetas-anões (Plutão, Ceres, Haumea, Makemake e Éris), 214 luas, 552.894 asteroides e 3.083 cometas, espalhados ao longo de 18,75 trilhões de quilômetros.

VOCÊ SABIA QUE O PLANETA MAIS QUENTE DO SISTEMA SOLAR NÃO É AQUELE QUE FICA MAIS PRÓXIMO AO SOL?

Vênus é o mais quente e, no entanto, ele é o segundo em distância relativa ao Sol. As temperaturas lá chegam a atingir os 470 °C.

Mesmo estando muito mais distante do Sol do que Mercúrio, Vênus apresenta uma atmosfera densa e turbulenta, rica em gases como o dióxido de carbono, responsável por um constante efeito estufa.

Macho, se eu já fico maluco quando os termômetros chegam a marcar 35 graus em Fortaleza, imagina em Vênus!

MAS, AFINAL, O QUE É UM ASTROFÍSICO E O QUE ELE FAZ?

O astrofísico é o cara que estuda o comportamento dos corpos celestes do Universo, como as estrelas e planetas. A astrofísica é como se fosse um braço da astronomia que trata sobre a física que rege o Universo.

ALGUNS OBJETOS QUE O ASTROFÍSICO UTILIZA PARA DESENVOLVER SEU TRABALHO:

- TELESCÓPIO
- RADIOTELESCÓPIO
- IMAGENS PARA ANÁLISE DE LUZ DE ESTRELAS E GALÁXIAS
- SONDAS
- SENSORES

A Nasa e a ESA, as maiores agências destinadas a desenvolver tecnologias e programas de exploração espacial do planeta, publicam trabalhos a partir dos estudos feitos por **astrofísicos**.

O astrofísico mais famoso do planeta foi o inglês Stephen Hawking. Ele morreu aos 76 anos, em 14 de março de 2018, data em que Albert Einstein completaria 139 anos. Foram dois dos maiores gênios que o planeta teve.

SEI QUE É MEIO LOUCO ESSE LANCE DA ASTROFÍSICA, PORQUE É UMA PROFISSÃO QUE NÃO PARECE MUITO COMIGO. Quem olha para mim jamais acharia que eu, apaixonado por futebol e atuação, também gosto de Ciências e do Universo e que já pensei em seguir essa carreira.

Mas juro que é verdade!

Ainda hoje, quando esbarro com qualquer notícia sobre o tema, eu paro tudo para conferir. Em fevereiro de 2020, fiquei alucinado com as notícias de um garoto de 17 anos que descobriu um planeta novo em seu terceiro dia como estagiário da Nasa.

Vocês leram essa notícia?

SURPRESA NA NASA

Extra! Extra! Extra! Um adolescente de 17 anos surpreendeu o mundo da ciência ao descobrir a existência de um novo planeta em seu terceiro dia de estágio na Nasa.

Tudo começou no fim de 2019, quando o estudante Wolf Cukier ganhou uma oportunidade para trabalhar por dois meses com cientistas da mais famosa agência espacial do mundo. Sua principal atividade era examinar variações no brilho de estrelas capturadas por um sistema e divulgar as informações colhidas para o Planet Hunters, projeto científico que visa incentivar o público comum a buscar por novos planetas.

Em pouco tempo de trabalho, Cukier conseguiu encontrar um para chamar de seu. "Cerca de três dias após o início do estágio, vi um sinal de um sistema chamado TOI 1338. No começo, pensei que fosse um eclipse estelar, mas o tempo estava errado. Acabou sendo um planeta", contou o jovem.

Não é demais? Eu me lembro que pirava deitado na cama, me vendo no lugar do Wolf Cukier. Imagina só, descobrir um planeta!

Para vocês terem ideia, em Fortaleza, eu passava um tempão analisando o céu. Era estrela, estrela, estrela e estrela atrás de estrela, mas, de vez em quando, conseguia avistar um planeta como Marte, que tem um tom um pouco mais amarelado e que pode ser avistado em alguns períodos do ano quando se aproxima da Terra. Júpiter, por ser muito grande, também pode ser visto a olho nu. Só é um pouco mais difícil de distinguir, porque seus tons são mais avermelhados.

EU FICAVA SENTADO NO GRAMADO DE CASA UM TEMPÃO, CONTEMPLANDO O UNIVERSO.

O TEMPO É VALIOSO

DESDE QUE CHEGUEI A SÃO PAULO, EU ME CONSCIENTIZEI EM RELAÇÃO AO CELULAR. Não mexo com tanta frequência se comparado com a galera da minha idade. Por quê?

Porque o tempo é muito valioso para ficar horas e horas grudado em uma tela. Há um mundo de atividades e coisas para se fazer durante o dia. Por exemplo, quando era mais novo, tinha vezes que eu chegava em casa e ficava duas horas direto mexendo no celular.

{
EM DUAS HORAS LIVRES, DÁ PARA:
TOCAR VIOLÃO;
FAZER EXERCÍCIOS;
TAREFAS DA ESCOLA;
ESTUDAR;
COMER;
E AINDA TOMAR BANHO.

EM RESUMO: DUAS HORAS É TEMPO PRA CARAMBA!

Só que, se você ficar duas horas com o celular na mão, o tempo passa muito rápido, ainda mais se você estiver só vendo a quantidade de besteirol das redes sociais, com vídeos e memes de tudo que é tipo. Um conteúdo que, no fundo, não vai mudar nada em sua vida. Não vai acrescentar nada e roubar um tempo precioso no qual você poderia fazer outras coisas.

Na escola, era proibido ficar mexendo no celular. Na de vocês também é assim? Bem, na minha, a regra era: ele tinha que ficar dentro da mochila e só podia ser usado durante os 20 minutos que temos de recreio e nos intervalos. Na minha turma, a gente interagia mais durante esses momentos e nem ficava tanto no aparelho. Mas é claro que já flagrei várias vezes a galera espiando o celular no meio da aula. Confesso que eu também já fiz isso, mas em uma situação específica, apenas, porque eu precisava conferir uma mensagem do meu pai sobre trabalho.

==O TEMPO É MUITO VALIOSO. MUITO.==

Se meu dia tivesse 42 horas, seria ótimo, quem sabe eu até passasse mais tempo olhando o celular. Mas, como ele tem as mesmas 24 horas que o de todo mundo, deixo o celular um pouco de lado para fazer muitas outras coisas mais importantes.

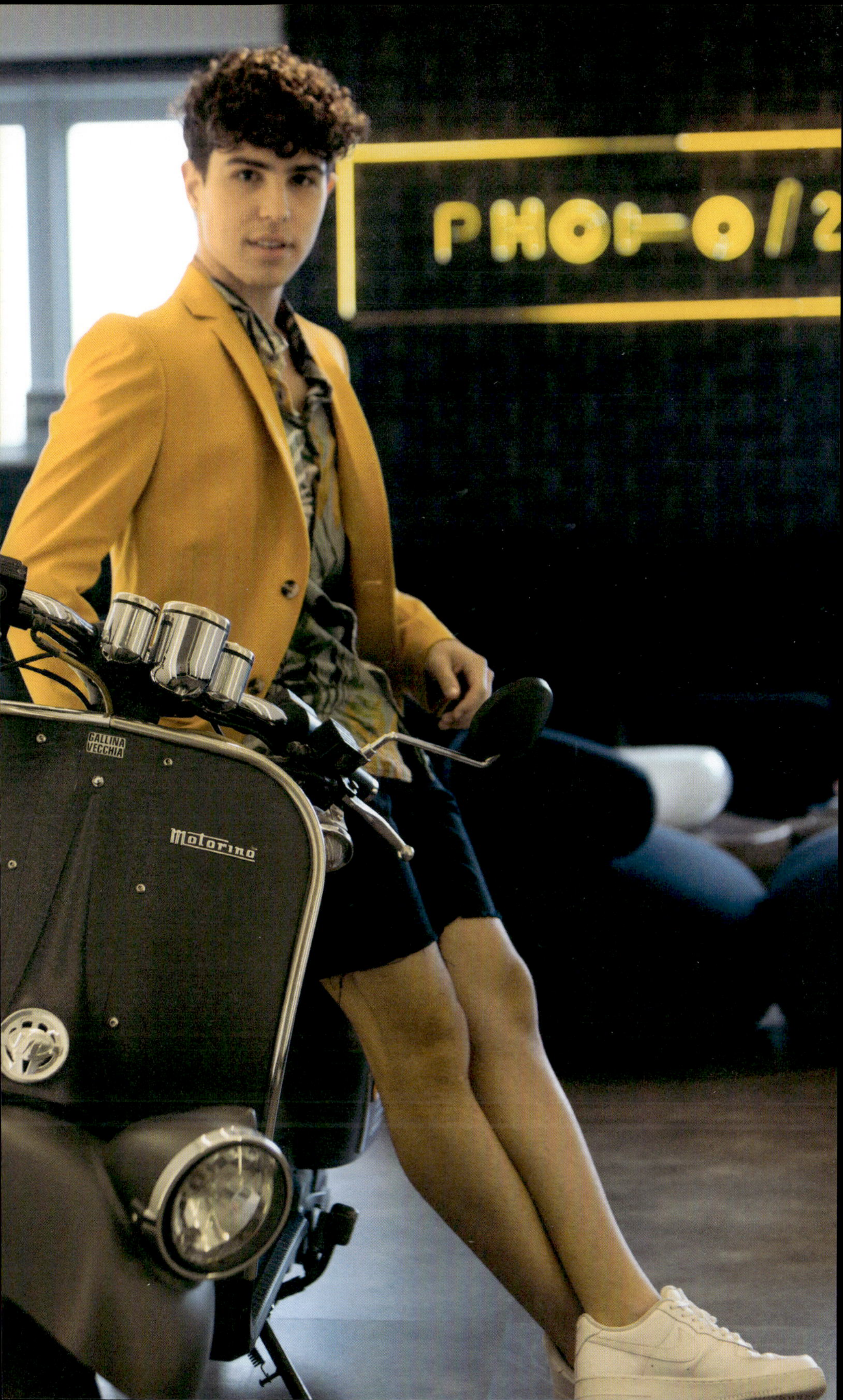
GALLINA VECCHIA
Motorino

NOSSOS MESTRES

FUI EDUCADO POR MEUS PAIS A SEMPRE RESPEITAR OS MAIS VELHOS, ME DIRIGINDO A ELES COMO "SENHOR" E "SENHORA". Esse tratamento deve ser direcionado especialmente a pais e professores. No Nordeste, é muito comum chamarmos os professores de "tio" e "tia" nos primeiros anos do primário e seguir desse jeito até meados do fundamental II. A partir desse momento, passamos a chamá-los de "professores".

O PROFESSOR TEM UM PAPEL FUNDAMENTAL EM NOSSA FORMAÇÃO COMO CIDADÃOS. Passamos os primeiros 20 anos de nossas vidas sob suas orientações e ensinamentos e, de um modo geral, mais horas do dia com eles do que com nossos pais. É com os professores que tudo começa. A maioria de nós é profundamente influenciado por eles na decisão de qual carreira profissional seguir, já pensaram nisso?

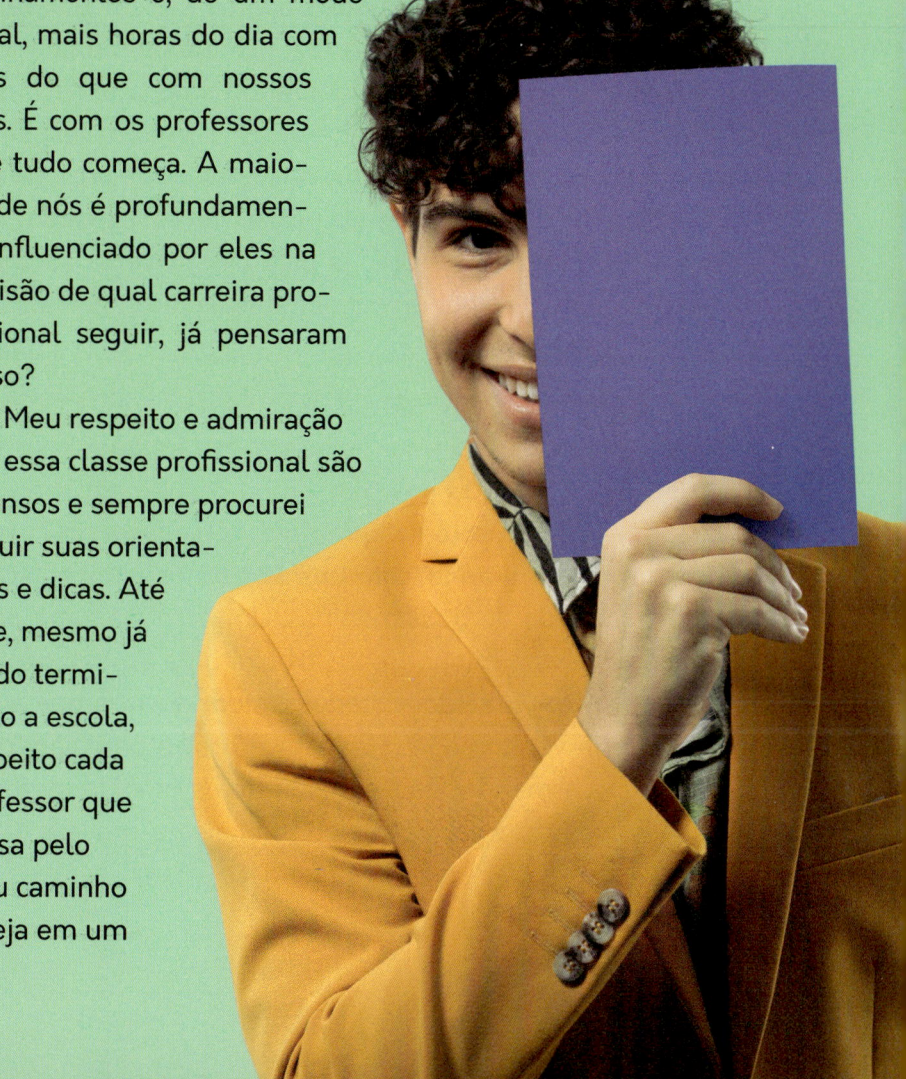

Meu respeito e admiração por essa classe profissional são imensos e sempre procurei seguir suas orientações e dicas. Até hoje, mesmo já tendo terminado a escola, respeito cada professor que passa pelo meu caminho – seja em um treino físico, em algum esporte, de canto, de interpretação ou de qualquer outra habilidade que eu precise como ator.

Mas, voltando à realidade do pessoal que ainda está na escola, eu fico impressionado como existe uma galera que não pensa assim, desprezando os professores e os tratando como se não fossem fundamentais em nossa educação. Fico assustado quando vejo notícias ou escuto histórias sobre alunos que bateram em professores, ou em pais e avós, tratando-os com desrespeito e ingratidão.

A meu ver, um professor é tipo um maestro, sabe? Ali, diante dos alunos (seus instrumentos), ele é quem comanda o resultado da orquestra. Então, imagine se, em uma apresentação, cada músico quisesse fazer o que bem entendesse, desrespeitando o maestro ou ignorando suas orientações? A coisa viraria uma bagunça, né mesmo?! É preciso respeitar a autoridade do professor para que a música saia harmônica.

Então, a dica valiosa que eu posso dar é: respeitem seus professores, galera! Eles estão lá para compartilhar sabedoria e ajudar a gente a trilhar um caminho mais fácil até o sucesso, seja ele qual for. O MAGISTÉRIO É UMA CARREIRA MUITO HONRADA E FUNDAMENTAL PRA QUE A GENTE SEJA BEM-SUCEDIDO E CONSTRUA UM MUNDO MELHOR, NUNCA SE ESQUEÇAM DISSO

Mas, ainda falando nos tempos de escola, em Fortaleza, eu estudava em um colégio bem rígido. Eu estava no 7º ano e minha turma era grande, com uns 28 alunos. Minha carteira ficava no meio da de duas meninas. Um belo dia, uma delas, a que se sentava à minha frente, trouxe uma embalagem gigante de Tic Tac vinda dos Estados Unidos. É claro que a sala inteira queria ver como era. Eu estava com a embalagem na mão quando a menina de trás pediu mais um. No momento em que fui passar, a professora entrou na sala, brava, e disse:

– VOCÊS TRÊS! PARA FORA DA SALA!

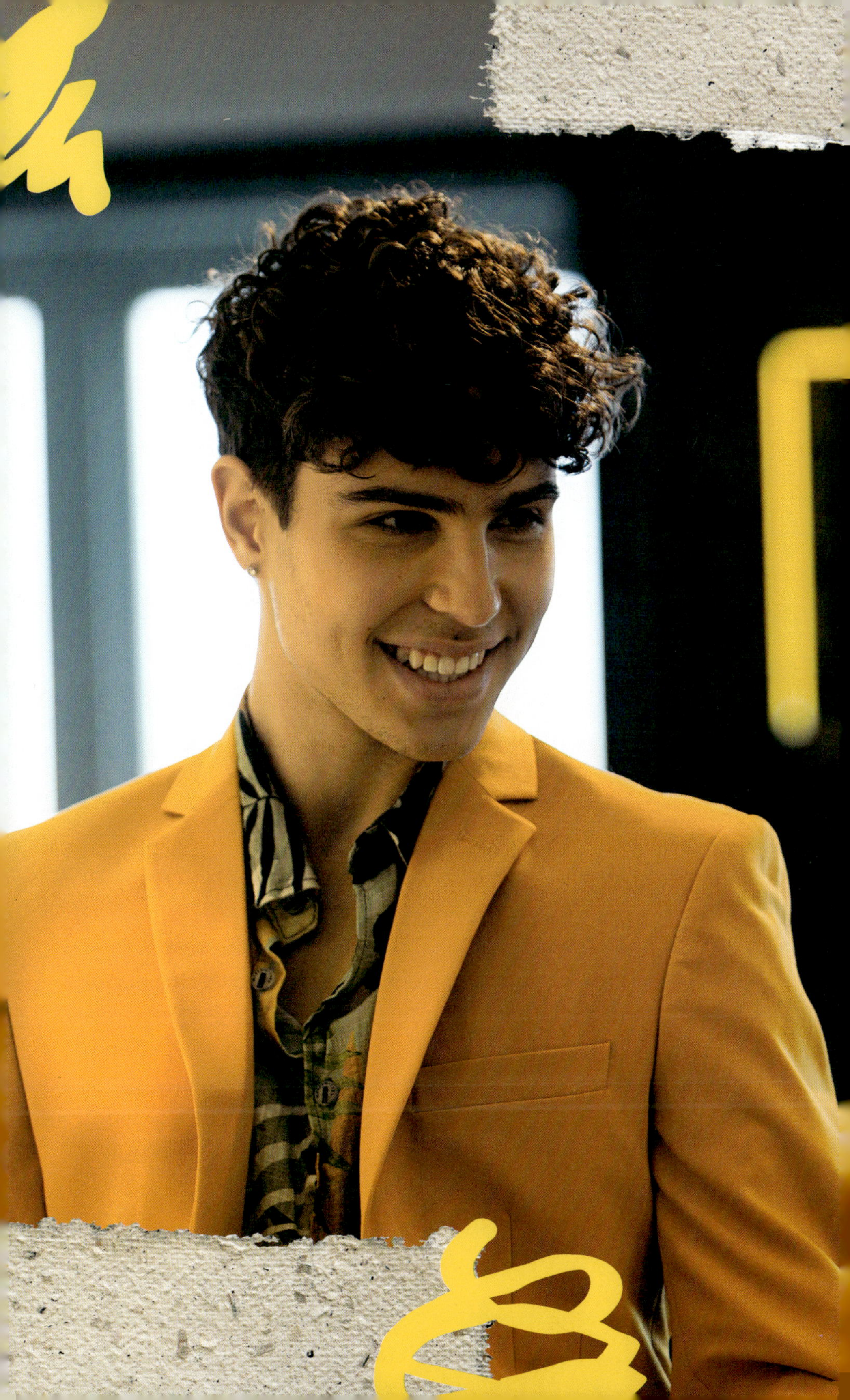

— QUÊ?? Por causa do Tic Tac?

Obedeci, indignado. Eu estava mesmo sendo expulso da sala por conta de um Tic Tac? Eu, que já tinha feito guerra de bolinha de papel? Quando cheguei na diretoria estava soltando fumaça. "Vou falar com o meu pai e não vai dar em nada. Ele vai concordar comigo e ainda reclamar com a professora, porque não é possível eu ser expulso por uma besteira dessas", pensei.

Na sala, eu expliquei, expliquei e expliquei para a diretora, usando todos os argumentos possíveis do Universo.

— Igor, a professora tem razão — foi a resposta dela.

MERMÃÃÃÃO, MINHA INDIGNAÇÃO FOI ELEVADA AO QUADRADO. Como é que pode uma coisa dessas, meu Deus? Não é possível!

Sabendo do que me esperava em casa, cheguei todo manso e mandei uma "mãezinha, te amo" para acalmar os ânimos. Ela olhou desconfiada e perguntou:

— O que você aprontou, Igor?

— Eeeeeu? Naaaada, mãe! Só quero declarar o meu amor por você.

Ela foi para a cozinha e me sentei na cadeira de balanço da sala, pensando em como ia comunicar aquele "probleminha" aos meus pais.

Um dia depois, eu ainda não fazia ideia de como.

No segundo dia, tomei coragem. Na hora do jantar, aproveitei que minha mãe estava no quarto e falei, baixinho, para o meu pai:

— Pai, aconteceu uma coisa lá na escola que não foi muito legal. Fui expulso da sala.

Meu pai deixou os talheres de lado e disse:

— Como é?

— É, pai, mas calma... eu posso explicar. Eu também estou indignado.

Ele olhou torto para mim e comecei a contar toda a história.

— A professora me expulsou por causa de um Tic Tac.

Eu, todo confiante, achei que ele ia concordar comigo, mas...
— A professora tem razão, Igor.
— Hã???
Eu não conseguia acreditar naquilo.
— É lógico! Você estava atrapalhando a aula. Essa história de Tic Tac tinha que ter sido na hora do recreio. Aliás, eu compro um para você se você quiser. Mas o senhor deveria ter contado no mesmo dia. Se tivesse sido assim, eu não estaria tão bravo. Então, por isso, você vai ficar um mês sem celular.

Levantei-me da mesa desolado, sem saber o que fazer. Tranquei a porta do quarto, me joguei na cama bem reto e fiquei olhando para cima.

O QUE EU FAÇO AGORA?

No dia seguinte, acordei com a minha mãe me puxando e dizendo apenas:
— ACORDA. Vai se arrumar.

Em dias normais, ela é toda fofa e sempre diz: "Bom dia, meu filho, vamos acordar?"

Eu tive certeza de que ela já sabia de tudo.

Na hora do café da manhã, tentei falar com eles outra vez e dizer que eu errei, sim, mas não adiantou muito. Meu pai conversou comigo e disse que aquilo não poderia ter acontecido. Pedi meu celular como quem não quer nada, achando que os ânimos estavam mais tranquilos, mas ouvi uma resposta em alto e bom som:
— Mas DE JEEEEEEEITO nenhum. Não vai receber mesmo. E isso é para você entender. Quem apronta tem que passar por isso mesmo, até aprender!

QUEM FALOU ISSO? MINHA MÃE, É CLARO. E FOI UM MÊS INTEIRINHO SEM CELULAR. DIFÍCIL, MAS APRENDI A LIÇÃO.

O EPISÓDIO ME ENSINOU QUE O PROFESSOR É AUTORIDADE MÁXIMA EM SALA DE AULA E PRECISAMOS RESPEITÁ-LO. Essa regrinha básica, tão esquecida por muitos, sempre foi passada pela minha mãe. Ela dizia: "Não adianta bater de frente com o professor!" A gente pode ter razão certas vezes, mas nunca discuta em sala com ele. Mesmo que isso faça a gente ir para a coordenação por algo que não tenha sido muito justo. É melhor se explicar lá do que deixar o professor furioso na frente de todo mundo.

Em Fortaleza, as escolas são muito rígidas em relação ao respeito com o professor em sala de aula. Aliás, essa é uma diferença que encontrei quando cheguei a São Paulo. Como escrevi no texto que abre este capítulo, desde muito novo, sempre chamei professor de "senhor" e "senhora". Em São Paulo, o pessoal achou muito estranho quando me dirigi a eles pela primeira vez assim. As próprias professoras reagiram:

— Senhora está no céu!

— Senhora? Eu não sou tão velha assim.

Só que isso era muito natural para mim, uma simples questão de respeito.

A professora é quase uma mãe. Quando a mãe diz "CHEGA" é "CHEGA". Professor é a mesma coisa. "Senta!" Eu obedecia imediatamente.

Nas escolas de Fortaleza, os alunos precisam andar muito na linha. Nunca vi um amigo zombar de um professor.

Logo no meu primeiro dia de aula em São Paulo, presenciei uma cena que teria sido impossível em qualquer sala de aula da minha cidade natal: um aluno zombando da cara do professor na frente de todo mundo. E detalhe: ele não foi mandado para fora! Confesso que a cena me chocou. Eu não estava acostumado com aquele tipo de coisa e não acho correto, porque a educação que recebi em casa me passou outros valores.

É claro que sempre rolam aqueles professores com quem temos mais intimidade e que dão espaço para brincadeiras.

Tinha um negócio que eu era mestre em fazer em sala de aula, em Fortaleza:

DAR SUSTO EM PROFESSOR.

É claro que só assustava aqueles com quem eu tinha mais afinidade e que permitiam brincadeiras desse tipo. Era assim: um dia, me escondi embaixo da mesa. Na hora em que a professora se sentou, eu peguei no pé dela e disse:

– PROFESSORA!!
– AAAAAAAAAAAAAAAAAAAH!!!!!!!!!!!

A MULHER DEU UM PULO E A TURMA MORREU DE RIR, É CLARO. DEU PARA ESCUTAR O GRITO DELA, SEI LÁ, DA PORTARIA DA ESCOLA, KKKK. É claro que levei uma chamada de atenção dela e da coordenadora.

Hoje em dia, sou mais tranquilo. Tem umas professoras que também são divertidas e até debochadas que entram na brincadeira. Dia desses, cheguei assim:

— Professora, se eu disser que a senhora é a minha preferida, a senhora acredita?

— Não.

— Mas pode acreditar, professora. A senhora é a minha preferida.

Minutos depois, chegou outra professora.

— Professora, a senhora sabia que é a minha preferida?

E assim fui fazendo com todas! Hahaha! Todas elas sempre sabiam que eu estava brincando e era o tipo de coisa que eu só fazia com quem gosta e entende esse tipo de deboche.

Quando elas perguntavam algo em sala, eu levantava a mão e respondia:

— Sim, professora. É um privilégio responder para a senhora. Pergunte qualquer coisa.

— Tá certo, Igor.

AOS MESTRES QUE PASSARAM PELA MINHA VIDA — E A TODOS OS OUTROS ESPALHADOS PELO BRASIL —, DEIXO AQUI TODO O MEU RESPEITO E CARINHO. OBRIGADO POR TUDO!

NÃO SOFRA SOZINHO!

CÊS TÃO LOUCOS?

Essa foi a minha reação, aos gritos, quando vi uma cena que me deixou indignado. Uma vez, na escola, estava voltando para a sala de aula, depois do fim do intervalo, e vi que um amigão estava contra a parede, sendo chutado sem dó por dois colegas. Quando digo **chutado,** era chutado MESMO, com vontade. Os agressores estavam dizendo alguma coisa para ele, mas não consegui ouvir.

Corri na direção deles e me enfiei no meio.

Os agressores olharam para mim e tentaram disfarçar, mas eu estava berrando e chamando a atenção de todo mundo que passava pelo corredor. Meu amigo começou a rir, de susto e de constrangimento. Um riso que não era normal, só para disfarçar a agressão.

Fui direto para a coordenação e relatei o que tinha acabado de ver. Os dois agressores estavam parados diante da porta da sala, de cara feia, meio que me intimidando, quando viram a coordenadora ao meu lado. Ela perguntou:

— Foi isso mesmo que aconteceu, Igor?

— SIM, FOI ISSO MESMO. ELES ESTAVAM CHUTANDO O FULANO CONTRA UMA PAREDE. ISSO É BULLYING E NÃO É NEM UM POUCO CERTO!

Eu tinha 10 anos de idade.

Ambos foram encaminhados para a coordenação. Não sei o teor da conversa, nem me interessa, só que os dois tomaram uma suspensão de três dias.

No intervalo, conversei com meu amigo, a sós:

— Pô, por que você não reagiu?

— Ah, macho, deixa pra lá...

— E por que você estava rindo?

— É melhor rir do que chorar.

— Nossa, da próxima vez tenta conversar com alguém em quem você confia. Fala comigo, sei lá, mas fala. Não fica sofrendo calado, sozinho.

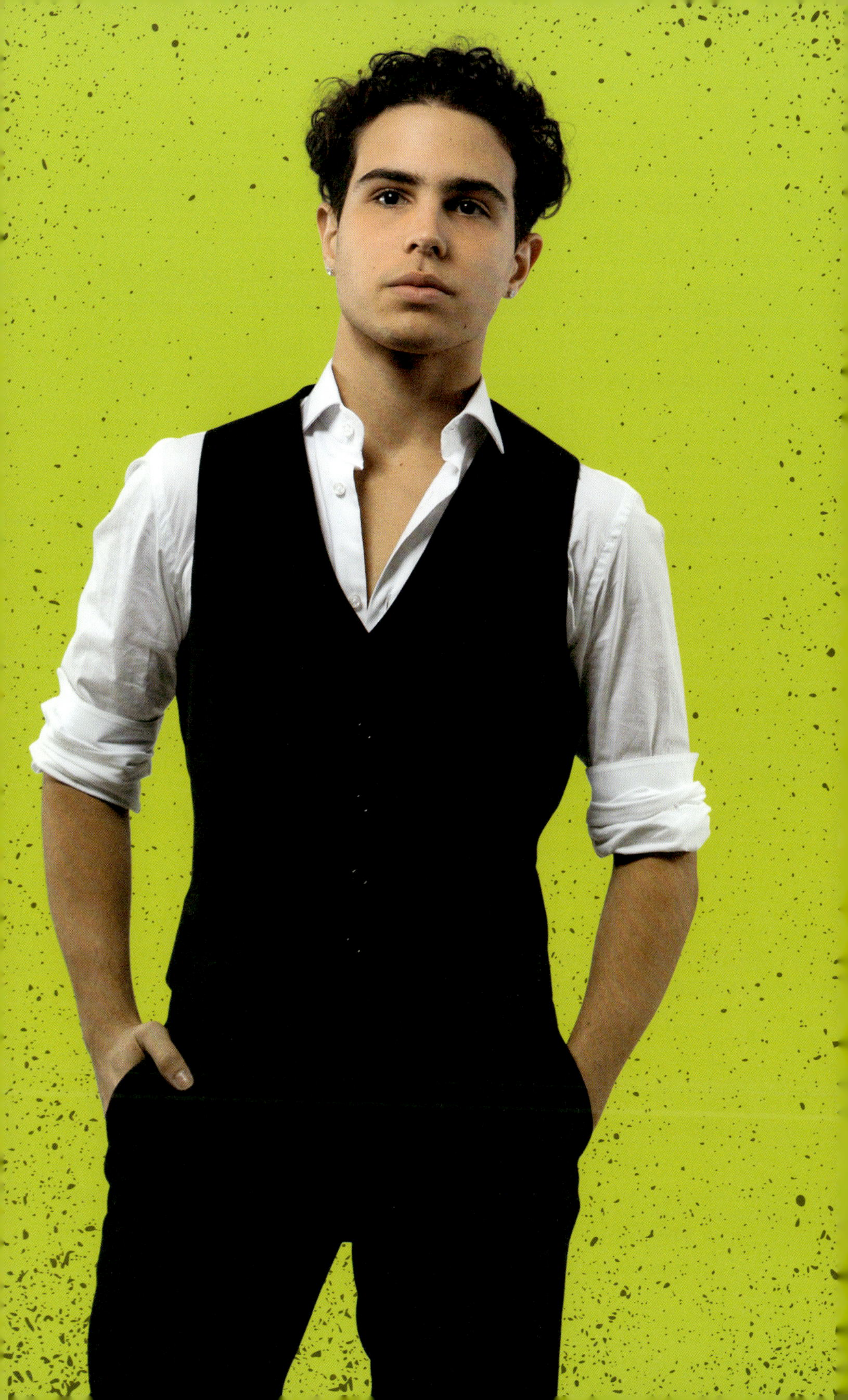

Essa, talvez, seja a ferramenta de defesa mais importante contra uma agressão ou *bullying*: falar com alguém próximo e expor suas angústias. Não tenha medo de falar. Colocar para fora faz bem!

Eu nunca sofri *bullying* e nem imagino como seja estar na pele de quem já sofreu. Só sei que é uma cena que sempre me deixa mal. Na verdade, já escutei, sim, alguns comentários que não são muito legais.

Como vocês bem sabem, sou um cearense muito orgulhoso do meu estado e falo de boca cheia que sou nordestino. Mas não é incomum escutar, às vezes até baixinho, algumas "piadinhas" sobre quem vem da minha região. Quando cheguei a São Paulo, aos 13 anos, perguntavam para minha mãe, em tom de desconfiança, a razão de terem me buscado no Ceará para fazer uma novela. Fazer chacota com pessoas vindas de fora, seja de outro país ou estado, chama-se xenofobia e é um comportamento que precisa ser combatido.

Na minha cabeça, tento sempre fazer o exercício de me colocar no lugar do outro. Isso se chama empatia. Eu não gostaria que uma pessoa me discriminasse por eu ser cearense, ou por ser gordo ou por N coisas que hoje em dia vêm sendo discutidas mais abertamente, ainda bem!

Não quero bancar o sabichão ou o lacrador, longe de mim, só acho que há uma diferença bem sutil entre fazer uma brincadeira e estar praticando *bullying*. E, por isso, a gente tem que estar sempre atento ao que diz e aos nossos modos de brincar com as pessoas.

Eu mesmo vivo brincando e implicando com meus amigos. Só que toda brincadeira tem limite. Se isso envolver algum comentário depreciativo, alguma piada com características físicas ou aspectos sensíveis para uma pessoa ou um grupo, a **BRINCADEIRA** vira **BULLYING**. Nenhum tipo de discriminação pode ser considerado piada. Jamais!

NÃO HÁ NADA PIOR QUE CONSTRANGER UMA PESSOA NA FRENTE DE OUTRAS.

Hoje eu já conheço esse limite.
Mas nem por isso deixei de brincar. Por exemplo, na escola, em São Paulo, eu tinha alguns apelidos. Era chamado de:
SEM CABELO
MANGA CHUPADA
POODLE
De novo: sem cabelo, manga chupada e poodle.
É mole?
Mas eu retrucava também. Uma das minhas amigas de turma parecia um hamster e eu já chegava nela assim:
– Fala, hamster!
Ela morria de rir. Então, eu continuava chamando-a pelo apelido, porque ela já tinha deixado claro que não se importava (ela me chama de poodle também!).

QUANDO ME CHAMAVAM DE MANGA CHUPADA, EU NÃO ME OFENDIA NEM UM POUCO. O APELIDO COMEÇOU COM UMA PROFESSORA QUE ME CHAMOU ASSIM, EU RI E BRINQUEI EM CIMA.

CONFESSO QUE ATÉ HOJE É MUITO DIFÍCIL ME ATINGIR COM BRINCADEIRAS DESSE TIPO.

Quando era bem novinho, minha farda (como chamam o uniforme escolar no Ceará) era uma calça e uma camiseta. Minha mãe comprava a calça em um ano, mas eu crescia e ela ficava apertada, claro.

— Mãe, essa calça não tá justa demais, não?

— Não, meu filho, tá lindo!

Chegava na escola e sabe do que o pessoal me chamava?

Zezé di Camargo!

Aí, voltava para casa e comentava:

— Viu, mãe?! Os meninos tão tirando uma com a minha cara por causa da calça.

Minha mãe, de zoeira, respondia:

— Bem, então agora só falta você rebolar como Zezé di Camargo e Luciano fazem nos shows! Hahaha.

Mas o pior é que eu não ligava mesmo! Calça justinha? Tá tranquilo!

MAS TANTO NA ESCOLA QUANTO EM QUALQUER OUTRO LUGAR, EU SEMPRE FUI DE DEIXAR A PESSOA COMEÇAR A BRINCAR COMIGO ANTES, ASSIM POSSO ENTENDER SE TENHO ESPAÇO PRA FAZER A MESMA COISA COM ELA.

Se eu faço um comentário e vejo que ela não responde, eu fico na minha. Percebo logo.

A minha tática para lidar com esse tipo de comentário é: se alguém brincar, não fico com raiva, senão acabo dando munição para a pessoa me zoar ainda mais. Mas esse sou eu e sei que, de um modo geral, as pessoas costumam reagir de forma diferente.

Em Fortaleza, como sempre fui muito brincalhão, tirador de onda, era meio comum fazer umas brincadeiras com o povo. Por exemplo, todo mundo nascido em Fortaleza é conhecido por ter cabeça grande, e lá a gente costuma levar isso na brincadeira. Os caras já chegam meio que zoando o tamanho da cabeça do outro. O que não quer dizer que ele não goste da cabeça do outro. Às vezes, pelo contrário... gosta até demais.

MAS, QUANDO CHEGAMOS A SÃO PAULO, MINHA MÃE ME ALERTOU QUE DETERMINADAS BRINCADEIRAS TALVEZ NÃO FUNCIONASSEM.

É que o humor da nossa terrinha é um pouco, vamos dizer, diferente do restante do país. É um humor mais debochado, e que algumas pessoas podem achar até meio grosso, tipo o do Seu Lunga.

NUNCA OUVIRAM FALAR NO SEU LUNGA?

Seu Lunga era um cearense, nascido pertinho de Juazeiro do Norte, que ficou conhecido na região por ser grosso igual papel de enrolar prego. Muitos o chamavam de o "homem mais bravo do mundo", um título conquistado pelas respostas diretas que ele dava para quem perguntava "bobagens", como ele gostava de chamar. Por exemplo, se alguém visse o Seu Lunga voltando pra casa, com um pacote de leite nas mãos:

— **AÊ, SEU LUNGA, VAI BEBER LEITE HOJE?**
— **NÃO, VOU USAR PARA LAVAR A CALÇADA.**

Era assim. A pessoa levava logo um belo fora. Ah, esse diálogo do leite realmente aconteceu, tá? Tanto que acabou virando piada.

Seu Lunga passou, certa vez, na rua com uma vara de pescar e um vizinho perguntou:

— E aí, Seu Lunga, indo pescar?
— Não, a vara é para eu palitar os dentes!

HAHAHAHA!!

Mais uma, mais uma:

Seu Lunga está esperando o elevador no subsolo quando alguém pergunta:

— Sobe?
— Não, esse aqui anda de lado mesmo.

HAHAHAHA!!

Era o tipo de piadinha que eu fazia antes das gravações da novela. Me viam na praça de alimentação, almoçando, e falavam:

— E aí, Igor, almoçando?
— Não, não, jogando bola.

Kkkkkkkkk!

MAS DEI UMA MANEIRADA, PORQUE AS PESSOAS PODERIAM COMEÇAR A ME ACHAR MEIO GROSSEIRO. O QUE EU NÃO SOU, NÉ? EU SÓ ADORO UMA PIADA!

    Estou falando tudo isso porque o *bullying* é um tema muito importante a ser discutido. Muitos de vocês relatam já ter sofrido ou sofrerem com isso, em alguns casos até de um jeito extremo, a ponto de não querer mais ir para a escola e se isolar. O conselho que dou é:

NÃO SOFRA SOZINHO!

FALE SOBRE O ASSUNTO COM SEUS AMIGOS, PROFESSORES E PAIS.

ALGUÉM FALOU CRUSH?

Eu era muito molecão no 7º ano, mas foi nessa fase que comecei a me interessar a ter algo a mais com as garotas que achava bonitas.

EU NUNCA NAMOREI. Tive uns rolos por aí, mas nada que eu tenha considerado como um namoro oficial. Hoje costumo dizer que sou comprometido com meus fã-clubes, o que é verdade. O carinho que as pessoas têm comigo me faz dedicar muito do meu tempo a elas. Um beijão para todos os meus fãs!!

Mas tenho muitas histórias desses rolos pelo caminho. Do tipo namorico mesmo, daqueles beeeem do começo, quando nem pegar na mão a gente pega, sabe? "Ah, tô namorando aquela menina."

"Hummm... mas tá pegando na mão?"

Não. Kkkkkk!

Meu primeiro namorico talvez tenha sido nessa fase de transição do 6º para o 7º ano. Eu estava gostando de uma menina da turma e a gente começou a "namorar".

Às terças e quintas, eu ia para a casa de um amigão depois das aulas de inglês, até que, um dia, ele chegou para mim e confidenciou:

— Macho, acho que vou perder meu BV na sexta.

O QUÊÊÊÊÊÊ? MEU AMIGO VAI PERDER O BV? PERAÍ! SE ELE VAI, EU TAMBÉM VOU.

Sexta era o dia em que estava marcada uma aula para a galera que estava de recuperação na escola. Falei pra ele sem pensar e sem sequer combinar com a garota:

— Cara, eu vou arrumar essa chance pra mim também. Vou ficar até mais tarde na sexta e peço para ela ficar também.

Eu estava animadíssimo.

Cheguei na escola e corri pra falar com ela, afinal, era preciso comunicá-la, né? Ela disse que por ela tudo ok, então combinamos tudo:

— A gente vai indo pro parquinho juntos, desce a rampa, se esconde embaixo dela e foi.

Ela era BV, eu também, então compartilhávamos da mesma habilidade: a de não fazer ideia de como se beija na boca. Compartilhávamos da mesma falta de habilidade, na verdade.

O ROTEIRO ESTAVA MONTADO. TUDO PLANEJADO, COMBINADO, ACERTADO.

Dois dias antes do grande dia, comecei a tremer já na hora de me arrumar para a escola. Na hora que entrei pelo portão, então... era tremedeira pura. Eu não sabia o que fazer, como agir, o que falar.

Passou um dia, depois mais um. No dia marcado, fiquei um tempão enrolando depois da aula com esse meu amigo até que ele foi embora. Como combinado, eu e ela ficamos.

A ESSA ALTURA, EU JÁ ME TREMIA INTEIRINHO, SEM SABER COMO DAR O PRIMEIRO PASSO. O que é normal, tá, galera? O primeiro beijo deixa a gente nervoso mesmo.

E, então, chegou a hora de irmos para o local combinado.

Rapaz, quando a gente começou a ir em direção ao parquinho para dar o primeiro beijo da vida dos dois, não é que chegou uma amiga nossa e se intrometeu?

Estávamos virando a esquina quando, do nada, a criatura veio correndo em nossa direção, gritando:

— IGOOOOOOOOOOOOR!

Eu só fechei os olhos e pensei:

NÃO. ISSO NÃO TÁ ACONTECENDO. SÓ PODE SER BRINCADEIRA... NÃO É POSSÍVEL.

Dei um sorriso amarelo, comecei a suar frio e disse:

— Hum, oi.

— Para onde vocês estão indo, hein? Posso saber? — perguntou antes de se enfiar no meio de nós.

E, antes que a gente pudesse inventar uma desculpa:

— Eu vou também com vocês.

E lá foi ela com a gente em direção ao parquinho. Eu não estava prestando atenção nenhuma ao que ela dizia, só fui descendo a rampa e pensando: "Pode ser aqui, meu Deus. Pode ser aqui que eu vou dar meu primeiro beijo e... a hora é agora, mas... Como vou expulsar essa menina?"

A gente deve ter ficado tipo meia hora ali. Eu dava umas indiretas, quase diretas, para a amiga intrometida:

— Ah, então, pode ir embora, tá? Se quiser e tal.

— Ah, não. Vamos subir todos juntos.

— Não, eu quero ficar aqui, em meio à natureza. É bom se conectar com a natureza!

A escola era bem arborizada, tinha uns 30 mil metros quadrados, e o parquinho era lotado de árvores. Faltava pouco para completar os 30 minutos de intervalo e o beijo não rolava...

A menina de que eu gostava estava suando frio, nervosa, com sorriso amarelo. E a gente, sem saber o que fazer, com a amiga intrometida, ia inventando assunto.

E AÍ, IGOR, ROLOU O BEIJO?

QUE NADA, FOI UM FIASCO! NÃO ROLOU O BEIJO.

A gente voltou; eu, meio cabisbaixo, fiz a prova de qualquer jeito, entreguei pra professora e fui embora pra casa. No dia seguinte, chegou o meu amigo.

— E aí, cara. Como foi? Como foi?

— Não foi.

Ele me deu um apoio moral e perguntei como foi o dele.

— Cara, foi estranho e incrível ao mesmo tempo!

No fim das contas, não rolou nada com aquela menina. Ficamos nesse vai e vem alguns meses. Ela era da minha sala tinha um tempo e a gente sempre trocava aquele olharzinho que prometia uma coisinha além de amizade e tal. Hoje em dia somos só amigos mesmo.

==Foi a primeira vez em que tomei a iniciativa com uma menina.==

Não deu certo, ok, mas bola pra frente.

Minha mãe se lembra de outro caso, quando eu tinha entre 9 e 10 anos.

A gente tinha mudado de bairro e conheci uma menina linda na vizinhança. Depois de muito papinho, cheguei para minha mãe, todo envergonhado:

— Mãe, preciso contar uma coisa para a senhora, mas é segredo. Não pode contar para ninguém, nem para o meu pai.

— Claro, certo. Diga lá.

— Eu tô namorando com a fulana.

Ela ficou surpresa e feliz com a notícia. Perguntou se a mãe da fulana sabia.

— Não, mãe. Ninguém pode saber.

— Tá certo.

Alguns dias depois, saí para brincar e minha mãe flagrou a cena da janela do quarto dela: eu e a menina conversando sozinhos no deque da piscina do condomínio. Pode parecer besteira, mas, pra gente, foi um momento e tanto.

Passados alguns minutos, a menina falou:

— Preciso ir para casa, minha mãe pode ver a gente aqui.

Aquilo, sem pegar na mão e muito às escondidas, era um namoro, tanto para mim, quanto para ela.

💋   💋   💋

Perdi meu BVL em São Paulo, aos 14 anos.

Mas, para os pais que me leem ou para os mais novinhos que não sabem o que é BVL, deixa eu explicar:

- BV É BOCA VIRGEM.
É QUEM NUNCA DEU O FAMOSO SELINHO, QUE É QUANDO VOCÊ SÓ ENCOSTA NOS LÁBIOS DA PESSOA.
DEU O SELINHO, PERDEU O BV.
- JÁ BVL É BOCA VIRGEM DE LÍNGUA.
E AÍ ESTAMOS FALANDO DE UM BEIJÃO MESMO, AQUELE DE LÍNGUA.
O TAL BEIJO DE ADULTO, COMO AS CRIANÇAS FALAM.

Por falar em BVL, acompanhem a confusão do meu primeiro beijo de adulto.

Eu tinha 13 anos, já morava em São Paulo e estava no início da minha fase em "As Aventuras de Poliana". Um belo dia, fui para a festa de uma amiga, mas ainda não tinha aquela maldade de pensar "Ah, eu quero ficar com aquela menina" e tal.

EU AINDA NÃO TINHA PERDIDO MEU BVL.

Eu estava na pista improvisada de dança com um amigo e mais uma turma quando uma menina começou a dar ideia em mim. Dar ideia é dar uma atenção especial, seja um olhar diferente, um sorriso especial ou até puxar um papo. Só que eu, inocente, não percebi, nem liguei, nem nada. Lá pelas tantas, meu amigo chegou no canto e falou:

— Igor, essa menina tá dando ideia em tu!

— Dando ideia? O que que é dar ideia?

— Tá querendo ficar contigo!

— Querendo ficar comigo? É sério? É sério?

Foi como se uma ficha tivesse caído.

Acorda, Igor!

Respirei fundo, passei a mão no cabelo e meti uma pinta de galã que eu nem tinha.

Fui conversar com ela.

No outro dia, tomei a iniciativa de chamá-la no WhatsApp. Trocamos ideia por quase dois meses.

ATÉ QUE, UM DIA, A GENTE FOI NA FESTA DE UM AMIGO EM COMUM.

Cheguei suando frio, todo me tremendo. Eu sabia que aquele tinha tudo para ser o dia do beijão. Cheguei lá, curti a festa normalmente, dancei – e comi – pra caramba, tudo no esquema.

Quando olhei para o relógio, vi que passava das 22h. Estávamos eu, ela, o aniversariante e poucos amigos dele. Então, combinei com meu amigo uma estratégia para ir com ela lá para fora e ele logo topou:

– Beleza. Eu vou com ela lá para fora, digo que vou ao banheiro e deixo ela lá sozinha. Aí você aparece.

– Fechou?

– Fechou!

Pensei:

AGORA É A HORA!

AGORA É O MOMENTO.

Só sei que, aparentemente, a menina tinha...
IDO EMBORA.
A menina simplesmente tinha DESAPARECIDO.
Eu procurei, procurei, procurei. Ué, cadê?

NÃO É POSSÍVEL!

Acho que vou ser BVL pro resto da vida, pensei comigo, já bem cabisbaixo.

Mais uma procurada e nada.

Quando entro novamente no salão, a menina entra junto.

OXEE, NÃO ERA ESSE O PLANO. ERA PRA VOCÊ ESTAR LÁ FORA, MAS OK.

Naquele momento, eu percebi que as coisas estavam mudando. Eu estava suando, passando a mão na testa, limpando nos shorts. Sabe quando a mão sua e você não sabe onde colocar?

Então.

Falei pra ela:

– Vamos lá fora?

E lá fomos nós, em direção a dois carros, perto de um gramadinho. Era um lugar meio disfarçado, porque não queríamos que ninguém nos visse ali.

==QUANDO MENOS ESPEREI, O BEIJO ROLOU.==

Mas bastou a gente sair de trás dos carros pra um dos seguranças da festa gritar:

– Aeeeeeeeeeeeee, cearense!

Eu sentia um misto de vergonha e alegria.

Voltamos para aproveitar o fim da festinha e meu amigo perguntou como foi. Ele riu à beça.

Meu primeiro beijo de verdade foi rápido. Uma coisa meio assim... eu estava ali rapidinho, dando uma voltinha pelo jardim e... opa, beijei. Terminou a festa, cada um foi para sua casa e eu e ela nos falamos até hoje.

No elenco da novela, nos bastidores, não rolou, nem rola, muito clima de paquera. Até me *shippam* com algumas meninas do elenco, mas não passa disso. Na escola, o clima de paquera era maior. Tinha aquelas que a gente cochicha entre os amigos, do tipo:

"Olha, olha, que gata!"

==NAS FESTAS, ROLA MAIS CLIMA, PORQUE ENCONTRO E CONHEÇO PESSOAS NOVAS O TEMPO TODO.== Como estou em São Paulo há pouco tempo, estou sempre conhecendo gente nova.

Nessa fase de início de paqueras, namoricos e namoro, é legal ter um papo com os mais velhos, no caso nossos pais ou responsáveis. Quando comecei a gravar a novela e entrei nessa rotina maluca de ator, meu pai me chamou pra conversar:

– Filho, se você se apaixonar por alguma gatinha, se alguma coisa começar a rolar, fique tranquilo, ok? Faz parte da idade. Só cuidado pra não engatar em um compromisso sério. Porque ela vai cobrar atenção e tempo e você provavelmente não vai conseguir dar conta tendo a escola, suas tarefas e gravações.

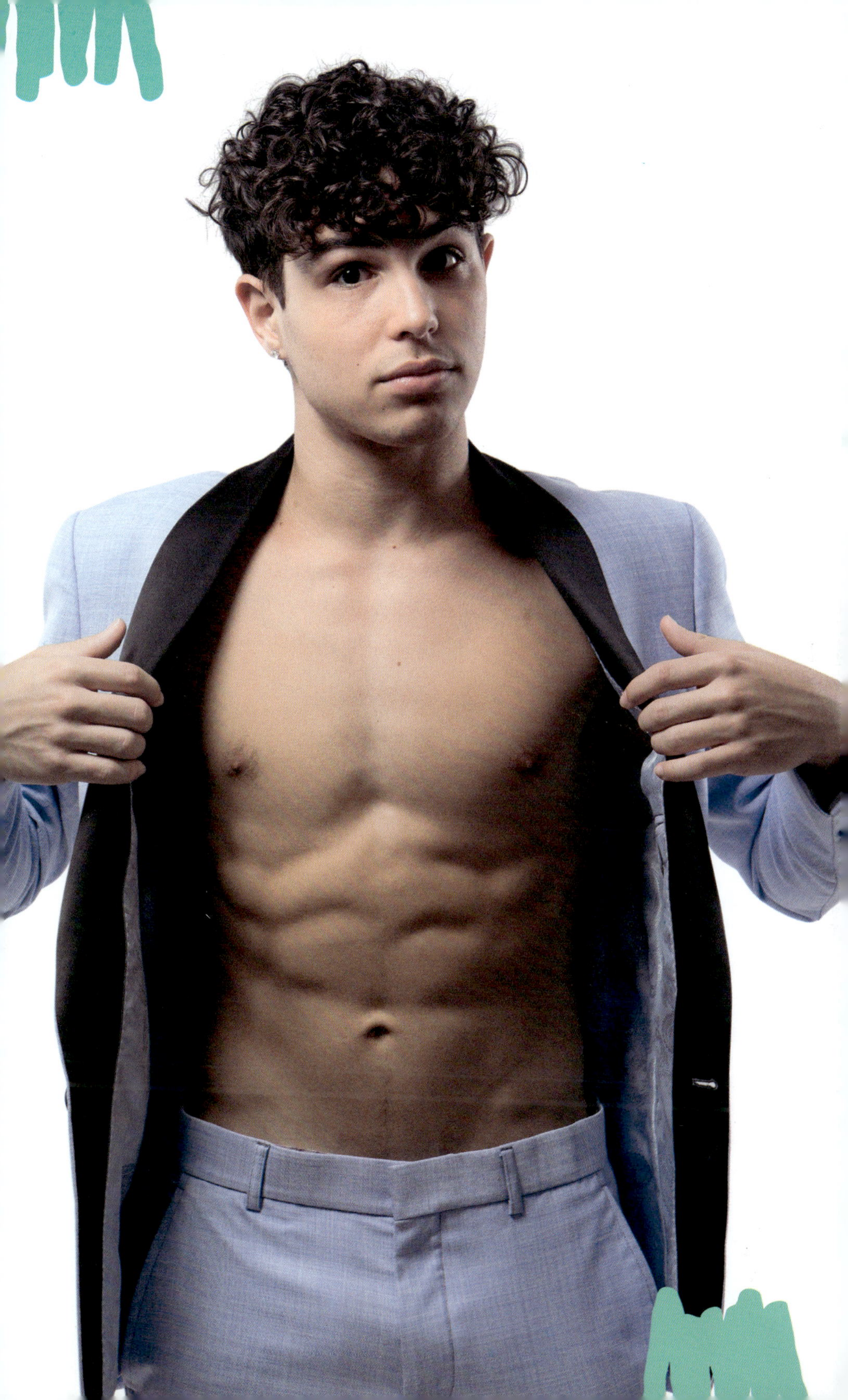

O papo lá em casa sempre foi assim, aberto. Conversamos sobre tudo.

SOU FILHO ÚNICO E SEMPRE TIVE UMA PROXIMIDADE MUITO GRANDE COM MEUS PAIS. FALAMOS COMO SE FÔSSEMOS GRANDES AMIGOS. E SOMOS MESMO.

Mas a verdade é que, mesmo com a galera *shippando* possíveis relacionamentos meus, especulando com quem eu posso estar saindo ou coisa assim, tudo não passa de comentários de internet. **NESTE MOMENTO DA MINHA VIDA, ESTOU BEM FOCADO NAS MINHAS OBRIGAÇÕES DE TRABALHO**, e não seria legal assumir compromisso com ninguém tendo uma agenda tão louca quanto a minha. A carreira é minha prioridade total!

Agora, eu pergunto, e é uma dúvida real que tenho:

Como vai ser quando eu aparecer para minha mãe com uma namorada?

Porque dona Andréa é ciumenta demaaaaaais!

Ela diz assim:

— Eu sei que você um dia vai ter uma namorada, no futuro, uma família, mas vê se presta bem atenção na nora que vai me arranjar, hein?

E eu:

— Sim, senhora.

Minha mãe fala que a minha namorada vai precisar saber se colocar no lugar dela. Para isso, ela criou uma listinha para a futura nora. Deem uma olhada:

REGRAS DA ANDRÉA PARA MENINAS INTERESSADAS NO IGOR

- Você pode ser a princesa, mas nunca esqueça que eu sou a rainha.
- Tenha muito, muito medo de mim!
- Se fizer meu filho chorar, vou fazer você chorar em dobro.
- Não minta para mim. Se eu perguntar algo, você só terá uma chance de me dizer a verdade.
- Meu filho sempre vai me escolher em primeiro lugar. Contente-se com o segundo.
- Se quiser fazer parte da minha família, lembre-se de que eu SEMPRE tenho razão.
- Se contrariar, leva bronca. Brincadeirinha.

Quem lê assim acha até que minha mãe é uma bruxa, né? Calma! Ela só é BEM ciumenta com seu filhão. Mas posso dizer que a recíproca é verdadeira. Desde pequenininho, quando íamos para a praia, eu tinha ciúmes dela. Revoltado, eu perguntava ao meu pai:

— Pai, como você deixa a mamãe usar um biquíni desse?

Hoje sou de boa, mas, antigamente, eu era muito ciumento e prestava atenção em cada passo que ela dava. Biquíni torto? Ora pois, ajeite isso, que tá torto! Meu pai é mais tranquilão, em relação a tudo, afinal, minha mãe pode vestir o que quiser. Eu digo que eu e minha mãe somos irmãos e que meu pai é o verdadeiro pai, porque, nas raras vezes em que ocorre uma discussão em casa, ele vem todo manso dizer: "Geeeente, não vamos brigar, por favor, são nove da noite." Ele que aparta as briguinhas e se coloca como o pai.

SOMOS UMA PEQUENA GRANDE FAMÍLIA!

QUEM CANTA SEUS MALES ESPANTA

COMECEI A CANTAR NO BANHEIRO, COMO QUEM NÃO QUER NADA, MAIS PRECISAMENTE EMBAIXO DO CHUVEIRO.

Cantar nesse momento é uma maravilha. Já experimentaram? Tem aquele eco maravilhoso, sua voz parece linda e superafinada. Basta desligar o chuveiro para o choque de realidade: melhor parar se não quiser estourar os tímpanos das pessoas da casa, hahaha.

Mas, falando sério, sempre fui apaixonado por música, tanto é que sou muito eclético.

Posso muito bem acordar escutando um hip-hop, terminar a tarde ouvindo um sertanejo sofrência e, de noite, um acústico qualquer e até uns sambas antigos. Minha família é muito ligada ao samba. Quando tem uma reunião em família, é o samba que reina no pedaço.

Já ouviu "Trem das Onze"? É um clássico do samba composto por Adoniran Barbosa. Eu já coloquei a música para repetir diversas vezes para aprender a tocar no violão. Do meu quarto só saía:

"NÃO POSSO FICAR NEM MAIS UM MINUTO COM VOCÊ SINTO MUITO AMOR, MAS NÃO PODE SER..."

Também tentei aprender os acordes de "Como Nossos Pais", composta por Belchior e interpretada por Elis Regina.

Mas esses clássicos da música popular brasileira podem dar lugar a outro gênero brasileiro ou estrangeiro na minha *playlist*. Por exemplo, coloco um sertanejo ou um funk. Do funk, eu gosto do Kevinho, da Ludmilla e do MC Kekel. Há muitos funks com linguagem e letras de baixo calão, mas o que me interessa é a batida, altamente contagiante. Pode fazer o teste: coloca em uma festa só o ritmo, sem a letra: vai todo mundo para a pista. Dá 100% de aproveitamento.

Mas eu não poderia esquecer do forró, o estilo mais popular do meu Ceará e algo que eu escuto desde novinho. Aliás, desde a barriga da minha mãe, porque ela dirigia para o trabalho ouvindo uma rádio que só tocava forró. Meus pais iam muito pra festas de forró.

Aos 7 anos, fiz um pedido:

– Mãe, quero aprender a tocar violão.

Na escola de música, levei um balde de água fria: o lugar só aceitava crianças a partir dos 8 anos. Mas acho que meus olhos brilhavam tanto com vontade de aprender que eles me deixaram fazer uma aula experimental. Quando peguei no violão, o professor avisou:

– Ih, você leva jeito, hein?

No fim, fiz pouco mais de um ano de aula. Aos 11, antes de fazer o filme, minha mãe, apaixonada por samba, me levou para assistir a uma aula de tamborim. No meio da aula, eu pedi para tentar tocar e o resultado foi: entrei pra bateria e até desfilei na Beira-Mar de Fortaleza. Minha mãe, que era a verdadeira aluna da aula, desistiu e ficou na plateia admirando o filhão rsrs.

A música alimenta a alma e mexe com nossas emoções..

Hoje, tenho orgulho em apresentar minha primeira música, "Jeito simples", que já está disponível nas plataformas de *streaming* de música e no YouTube.

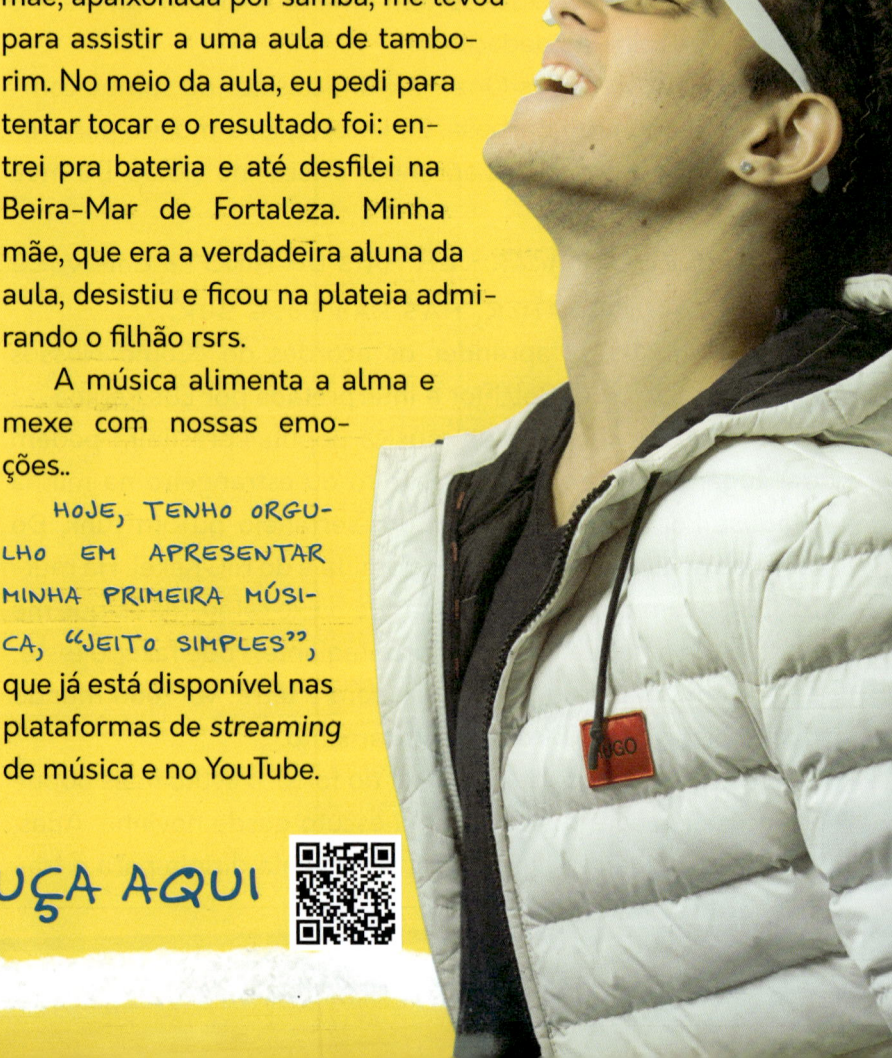

OUÇA AQUI

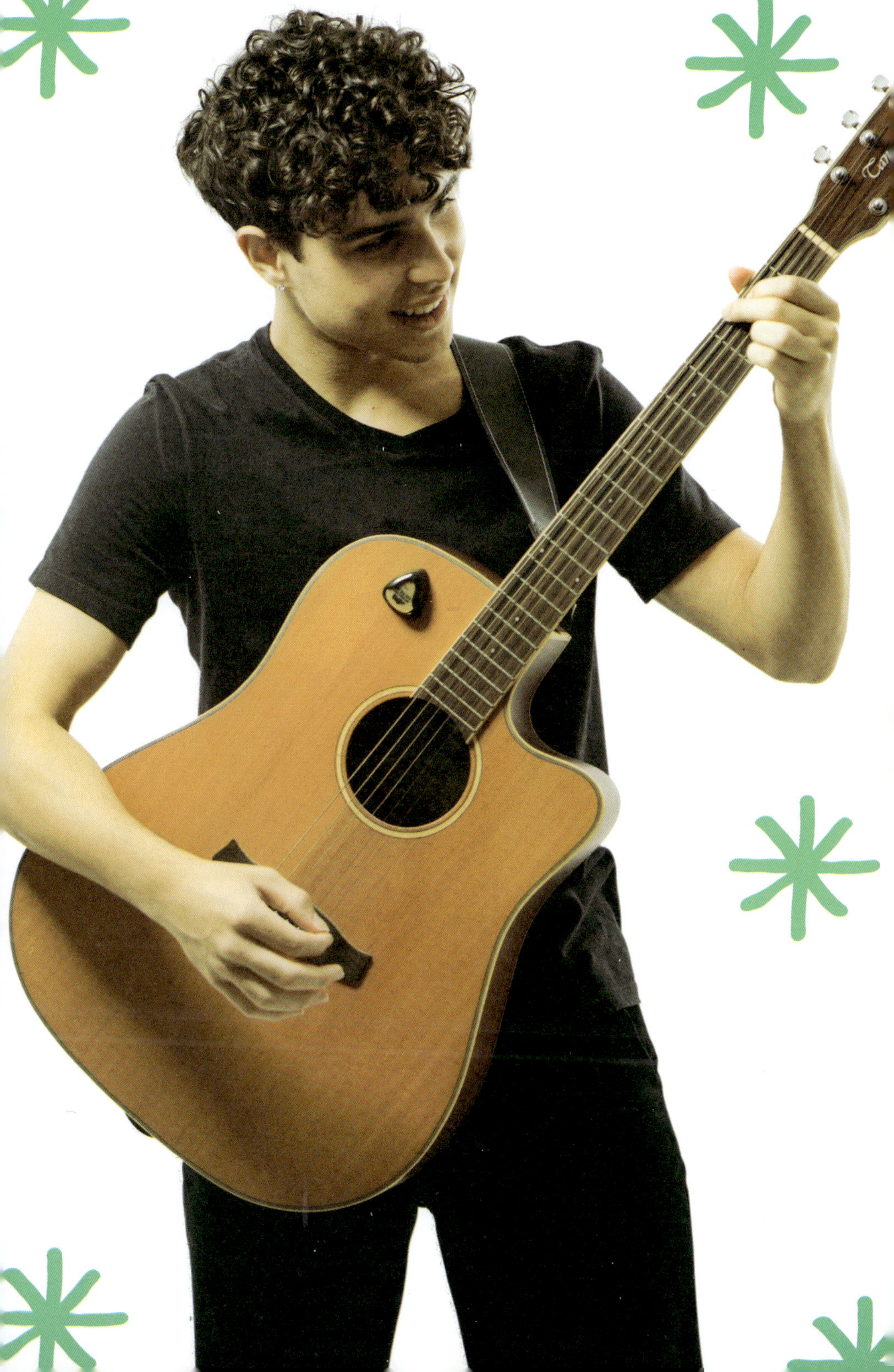

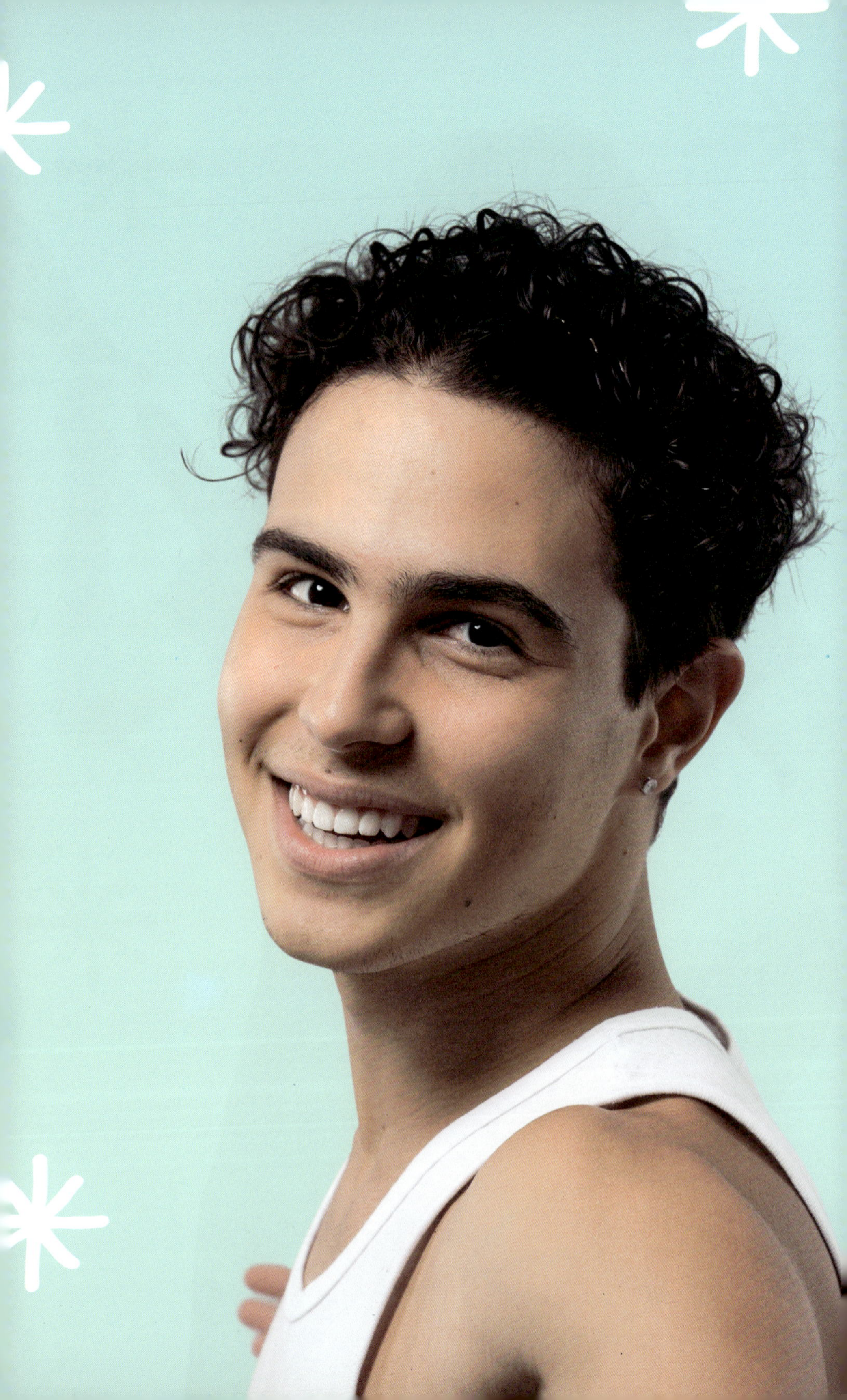

DE VOLTA AOS PALCOS

No começo de 2022, depois de sete meses de ensaios intensos, aulas com um maestro específico em treinamento musical para palco, professor de canto e várias outras técnicas que precisei aprender, estreei meu primeiro papel como protagonista de uma peça musical!

"Treze" é uma adaptação do musical da Broadway "Thirteen", que esteve em cartaz no começo dos anos 2000 (sabia que a Ariana Grande era uma das atrizes na versão americana? Doideira, né?) e foi o maior sucesso!

Meu personagem se chama Evan, um adolescente de Nova Iorque que, de repente, se muda pra uma cidade pequena no estado americano de Indiana. Ele tem 12 anos e precisa lidar com vários problemas da idade enquanto planeja o Bar Mitzvá (uma cerimônia judaica que é tipo um rito de passagem pra vida adulta), lida com o divórcio dos pais e tenta fazer amigos na escola nova. Ou seja, pense numa vida lascada! Kkkkk!

Estar nesse elenco maravilhoso, ao lado da Gabi Ayumi, do Enzo Krieger e da Sienna Belle, sendo dirigido por um dos nomes mais importantes do Teatro Musical no Brasil, que é a Fernanda Chamma... Pense numa realização! Eu não poderia estar mais feliz com tudo isso que rolou. Ficamos em cartaz em São Paulo, no Teatro Liberdade, e já nas primeiras semanas o espetáculo foi considerado sucesso absoluto!

---

igorjansen NASCEU @13omusical ✨🖤🎬
Nascemos da melhor forma com sessão esgotada… sold out!!
📸:@iamvictorlisboa

FOTOS: CAIO GALLUCCI

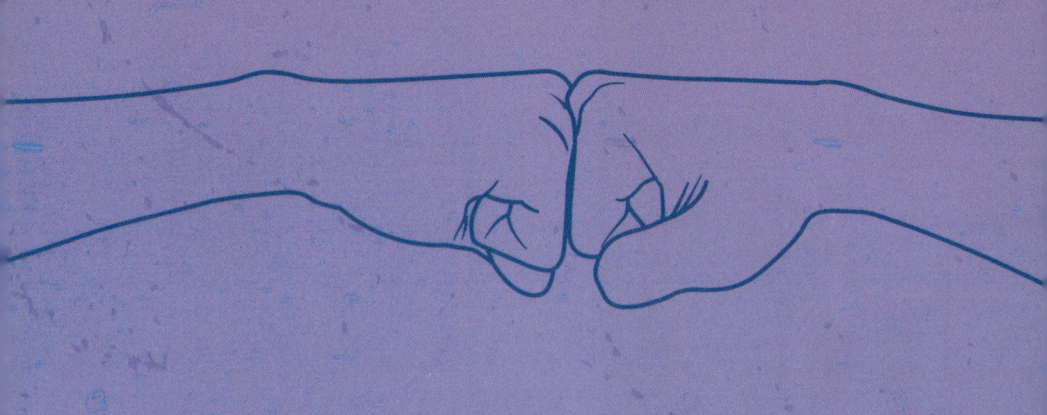

AOS MEUS FÃS, COM AMOR

MEUS MAIORES E MELHORES AMIGOS, MEUS AMIGOS DE VERDADE, SÃO MEU PAI E MINHA MÃE.

É claro que tenho amigos da vida também. Como vocês já sabem, eu sempre fui o amigão da turma. Se eu estudava no 9º A, por exemplo, eu era amigo da turma do A, do B, do C, do D e do E. Talvez fosse até do Z, se tivesse, kkkk.

Quando eu era bem pequenininho, era comum chegar à praia e pedir licença aos meus pais:

— Vou ali fazer amigos, tá?

Em geral, crianças que tinham alguma bola ou outro brinquedo. Eu só chegava e dizia:

— Oi, eu sou o Igor. Vamos ser novos amigos?

E, DE POUQUINHO EM POUQUINHO, FUI CRIANDO UM GRUPO BEM GRANDE DE AMIGOS.

E, mesmo que a vida às vezes me leve pra outros lugares, sei que tenho vários que continuam próximos de mim e que são verdadeiros. Em Fortaleza, tenho vários assim. Ultimamente, não falamos com tanta frequência, já que nossas agendas e hábitos são bem diferentes hoje em dia, mas, sempre que estou na minha cidade, a gente se encontra e se diverte pra caramba. Eu tenho uma galera bem grande lá.

Tenho amigos em São Paulo também, mas a carreira de ator às vezes dificulta um pouco manter uma amizade, se conectar com alguém no dia a dia, porque a gente nunca sabe onde estará amanhã ou no ano que vem. A vida de ator faz você trabalhar em vários lugares a cada ano, tudo depende do projeto.

Eu faço amizades, brinco com todo mundo, mas não crio muitas expectativas, porque, de vez em quando, isso ferra tudo. Tem pessoas em quem eu confio e para quem eu exponho detalhes da minha vida, como fiz aqui com vocês, falando sem ter filtro nenhum. Nessas horas, eu vejo quem são meus amigos verdadeiros, que vibram comigo em cada conquista.

Quando me tornei protagonista de uma novela de sucesso e passei a ter milhões de seguidores, descobri um novo tipo de amigo:

MEUS FÃS!

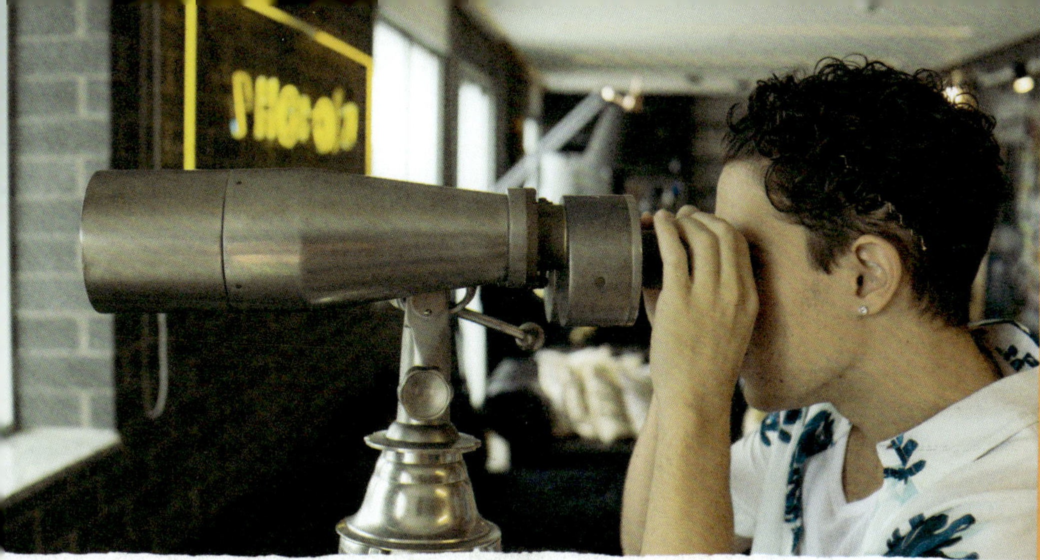

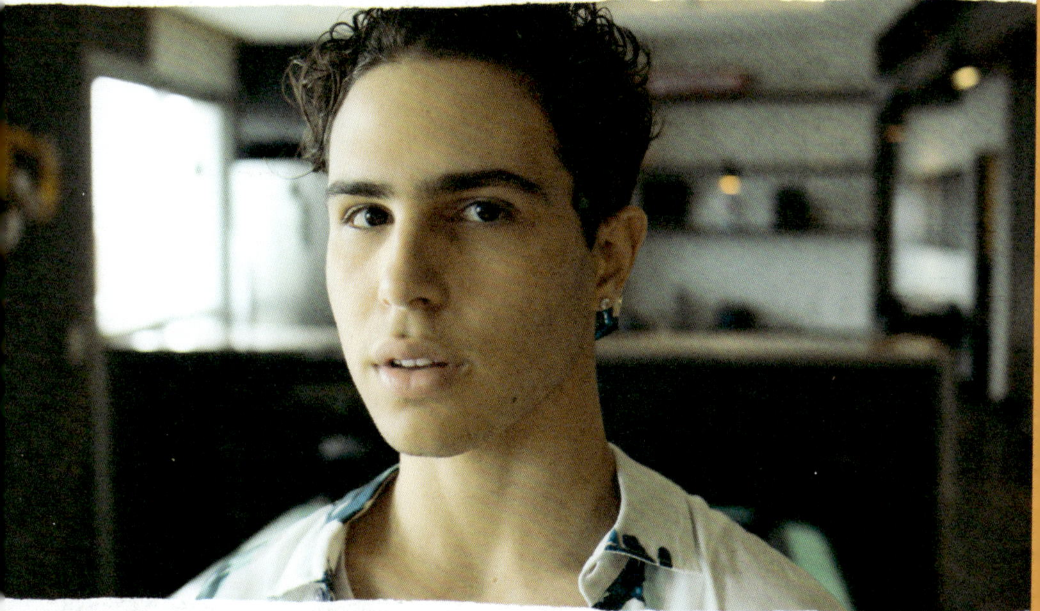

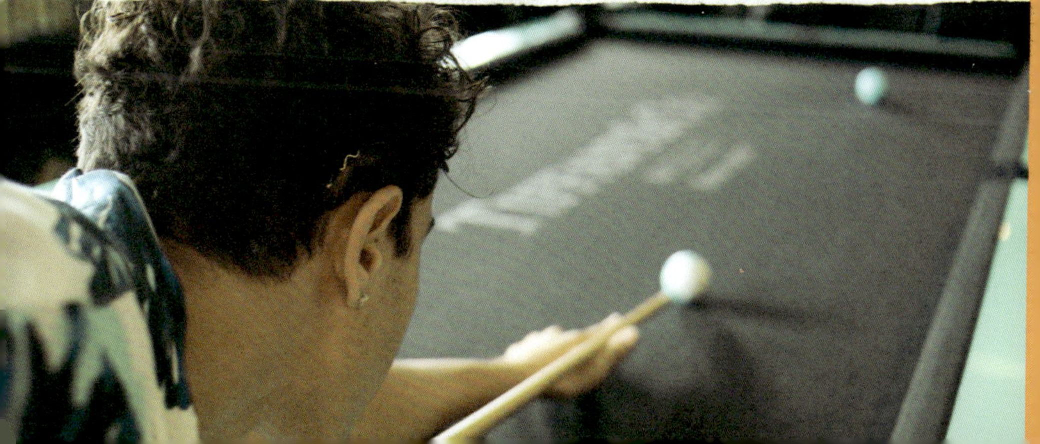

igorjansen CONQUISTA é a palavra que descreve meu sentimento de ontem, mais um projeto feito!! Trabalhando desde setembro de 2021 e no início ainda não havia previsão de estreia, estávamos fazendo acontecer com ansiedade de saber quando iria estrear e ontem, 21/03/22, @polianamocaoficial NASCEU com alto número de aceitação e já no primeiro capítulo está muito bem falado, um projeto a que todos os meus colegas de elenco e equipe de produção que estão por trás das câmeras nos dedicamos muito, diariamente, para que ficasse essa maravilha de novela!!! Obrigado a todos os envolvidos, família SBT, nosso trabalho tá lindo!!!!!!

Desde "As Aventuras de Poliana", e agora com "Poliana Moça", minha vida mudou, porque passei a ser reconhecido em quase todo lugar que vou. Eu piso em um shopping e, de repente, um grupo de meninas me aborda e pede fotos. Acho muito legal e interessante, porque me sinto protegido quando estou rodeado de fãs. Meus fãs são meus protetores. Por exemplo, teve uma vez que alguém criticou uma foto minha numa rede social. Aliás, é algo que acontece de vez em quando. Amiiiigo, te falar? Uma galera enorme veio em minha defesa, fuzilando a pessoa. "O que você tem a ver com isso?" Em outra ocasião, fui fazer um *pocket show* em Fortaleza e a produção ficou sabendo de um menino de uns 10 anos que tinha vindo do interior do Ceará com a avó. Era um garotinho simpático e muito determinado, e a avó disse que ele ficou repetindo o tempo todo em casa:

— EU VOU CONHECER O JOÃO! EU VOU CONHECER O JOÃO!

Ele era pequenininho e, aparentemente, não tinha conseguido ingresso, por isso estava aos prantos. A produção avisou minha mãe sobre o caso e ela pediu para levá-lo ao camarim.

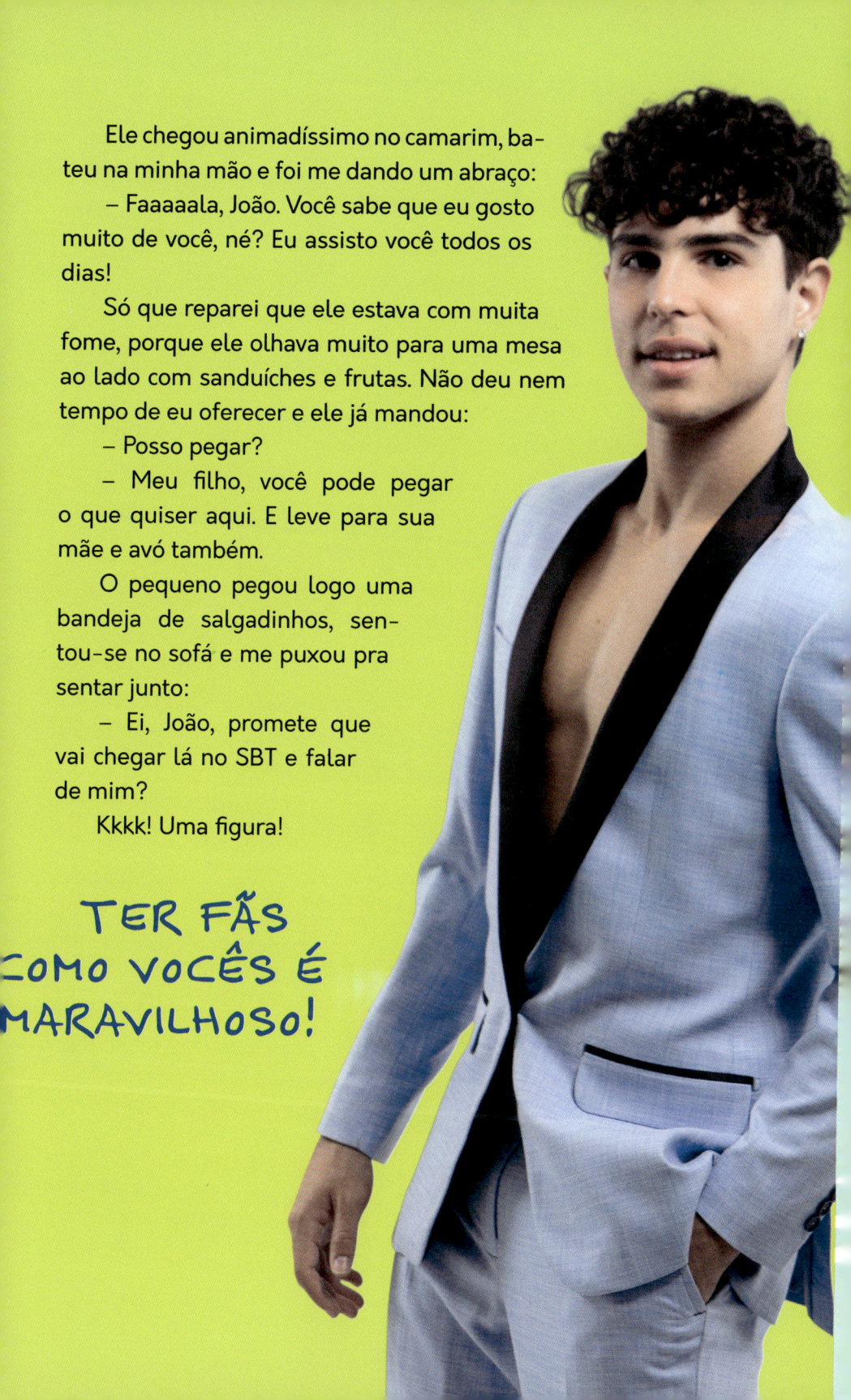

Ele chegou animadíssimo no camarim, bateu na minha mão e foi me dando um abraço:

— Faaaaala, João. Você sabe que eu gosto muito de você, né? Eu assisto você todos os dias!

Só que reparei que ele estava com muita fome, porque ele olhava muito para uma mesa ao lado com sanduíches e frutas. Não deu nem tempo de eu oferecer e ele já mandou:

— Posso pegar?

— Meu filho, você pode pegar o que quiser aqui. E leve para sua mãe e avó também.

O pequeno pegou logo uma bandeja de salgadinhos, sentou-se no sofá e me puxou pra sentar junto:

— Ei, João, promete que vai chegar lá no SBT e falar de mim?

Kkkk! Uma figura!

TER FÃS COMO VOCÊS É MARAVILHOSO!

Eu me sinto acolhido, amado, abraçado. Assim como todo mundo, os atores também têm seus dias ruins, às vezes não estão muito bem, mas receber esse carinho ajuda demais! Eu e minha família acreditamos muito em energia. A energia que me cerca quando fico em contato com vocês é tão positiva e boa que sinto vontade de abraçar e falar com todo mundo.

Espero que vocês tenham se divertido e dado boas risadas lendo meu primeiro livro, tanto quanto eu me diverti escrevendo.

E me despeço por aqui, mandando um abraço, um xêru no cangote esquerdo e muitas boas energias para todos vocês, meus fãs, meus protetores e amores da minha vida!

DIREÇÃO EDITORIAL
Daniele Cajueiro

COORDENAÇÃO EDITORIAL
Eliana Rinaldi

EDITORAS RESPONSÁVEIS
Camilla Costa
Janaína Senna

PRODUÇÃO EDITORIAL
Adriana Torres
Alice Massari
Evandro Matoso
Fernanda Oliveira

EDITOR DE TEXTO E CONSULTOR LITERÁRIO
Bruno Meyer

COPIDESQUE
Marina Góes

REVISÃO
João Paulo Castro
Valério Medeiros

CAPA, PROJETO GRÁFICO DE MIOLO E DIAGRAMAÇÃO
Larissa Fernandez
Letícia Fernandez

TRATAMENTO DE IMAGENS
Edição da Imagem

FOTOS DO AUTOR
Victor Lisboa

OUTRAS FOTOS
Jarrod Bryant (p. 57)
Lourival Ribeiro | SBT (p. 88 e 89)
Rafael Garbuio (p. 100)
Caio Gallucci (p. 151)

Este livro foi impresso em 2022,
para a Nova Fronteira.